공자와 한 시간

공자와
한
시간

서문

야스퍼스(K. Jaspers)가 인류의 사대(四大) 성인으로 공자를 언급한 이후 많은 이들이 소크라테스, 붓다, 예수와 함께 공자를 성인으로 추앙한다. 공자가 다른 세 분과 다른 점이 있다면 무엇일까? 공자는 신화와 신비스러운 전설로 치장된 종교적 성인과는 그 결을 달리한다. 그는 우리처럼 매일 식사를 해야 기능하는 육체를 가진 평범한 사람이다. 소크라테스도 단련된 근육을 가진 평범한 사람으로 죽음을 직시한 인물이지만, 그 후손에 대해 우리가 지금 아는 내용은 없다. 필자가 국립대만대학에서 공부할 때 역사과에 교수로 재직하던 공덕성(孔德成)교수가 공자의 77대 손이고, 지금까지 80대가 이어지고 있다. 공씨 집안의 역사가 길기는 해도 족보를 통해 확인되는 혈통을 유지하고 있는 다른 가문과 본질적 차이가 있는 것은 아니다.

또 공자는 70대 노년기의 부친과 10대 소녀를 모친으로 둔 전형적 흙수저 출신이었다. 사마천은 이런 모습을 "야합소생(野合所生)"이라고 표현했다. 야합소생에 대한 몇 가지 해석이 있지만, 그 중 어떤 것이 옳던 간에 야합이라는 말은 듣기에도 어감이 썩 좋지 않은 뭔가 문제가 있는 가정 출신이라는 것을 암시한다. 유아기 때 이미 부친을 잃고 어린 나이의 모친과 함께 사회질서가 철저히 파괴되던 전란의 시대를 산 공자의 삶은 '처절함' 그 자체였다. 이 글을 읽을 정도의 사람이라면 성장기에 공자가 겪은 곤궁함과 절박함에 비하면, 그래도 더 나은 상황에 있지 않을까하고 감히 추측해 본다. 그가 출신을 가리지 않고 제자들을 가르친 일도 성장기의 이런 밑바닥 경험에 근거하고 있다.

공자는 오로지 자신의 무한한 노력으로 오늘날 인류의 성인으로 기억되는 인물이다. 한자 문화권에서 중학생 정도도 아는 '인(仁)'을 내세워 기존의 '예(禮)의 문명'을 '인(仁)의 문명'으로 바꾸어 놓은 사람이 바로 공자다. 공자는 도대체 무엇을 하고자 하였는가? 대만대학에서 처음 공부를 시작할 때 필자가 가진 질문 중 하나였다. 공자는 자신의 학생들을 세습귀족으로서의 군자가 아닌 덕이 있는 유능한 군자로 양성해 새로운 정치질서를 만들고자 했다. 이 책은 거기에 대한 대답이다.

공자와 한 시간

내가 바라보는 하늘은 무한한 진리의 캔버스
나는 붓을 들어 감사의 언어를 그린다
이토록 푸르른 그리하여 나를 살게 하는
성현의 참뜻이 세상의 어둠을 밝히길
배우고 익히는 기쁨으로 고단함과 아픔이 치유되길
나는 허공에 붓을 들어 나와 그대를 위해 기도한다
어제가 오늘을 가르치는 겸허한 봄날의 한 시간이다

2020년 5월 15일
관악산 정심재(定心齋)에서 대막(大漠) 서(書)

차 례

일러두기

필요한 경우, 한자는 해당 단어가 처음 나올 때만 표기함을 원칙으로 한다.
단, 인(人)과 인(仁) 같은 동음이의어가 함께 등장하는 경우는 한자를 밝혀
뜻을 구분한다.

1장
혼란한 시대에 태어나다

공자, 흙수저로 태어나다

    공자(孔子, 기원전 551-479)가 살았던 시대는 춘추시대다. 춘추시대는 여러 제후가 세력 다툼을 벌이고 전쟁이 끊이지 않는 극도의 혼란 시대였다. 당시 태평성대를 유지했던 주나라의 예악(禮樂) 제도가 무너져 사회적 혼란이 만연하였다. 기록에 의하면 당시는 아들이 아버지를 살해하는 일이 다반사였고, 제후 간의 전쟁으로 피가 강을 이루고 시체로 산을 이루던 시대였다. 공자는 이러한 시대적 배경 속에서 주공(周公)이 확립한 주나라의 사회 제도를 회복하고 새로운 문명사회를 이룩하는 일을 자신의 의무로 여겼다. 춘추시대라는 세계사에서 그 유래를 찾아보기 힘들 정도의 극단적 혼란을 배경으로 공자라는 인류의 성인이 탄생하게 된 것은 아이러니라 할 만하다. 공자는 이처럼 극심한 혼란을 겪던 시대에 노(魯)나라의 장군 숙량흘(叔梁紇)과 어린 아내 안징재(顔徵在) 사이에서 태어났다. 사마천(司馬遷)은 『사기(史記)』에서 공자의 출생에 대해 다음과 같이 언급한다.

공자는 노나라 창평향 추읍에서 태어났다. 그의 조상은 송나라 사람으로 이름은 공방숙이었다. 공방숙은 백하를 낳고, 백하는 다시 숙량흘을 낳았다. 흘(紇)은 안씨 성을 가진 여자[顔氏女]와 '야합(野合)'하여 공자를 낳았는데 니구(尼丘)산에서 기도한 후 공자를 얻었다. 공자는 노양공 22년에 태어났다. 그가 태어났을 때 머리 중간이 움푹 패어 있었기에 구(丘)라고 불렸다. 자는 중니(仲尼), 성은 공씨(孔氏)다.[1]

[1]
孔子生魯昌平鄉陬邑. 其先宋人也曰孔防叔. 防叔生伯夏 伯夏生叔梁紇. 紇與顔氏女野合而生孔子 禱於尼丘得孔子. 魯襄公二十二年而孔子生. 生而首上圩頂 故因名曰丘云. 字仲尼 姓孔氏. 『史記』「孔子世家」

『사기』에 따르자면, 공자는 기원전 551년 노나라 창평향(昌平鄉) 추읍(陬邑)에서 태어났다. 공자의 생애는 처음부터 화려하게 빛났던 게 아니다. 공자가 출생했을 때 아버지 숙량흘(叔梁紇)은 이미 60대 노인이었으며, 어머니 안징재(安徵在)는 아직 10대 후반의 소녀였다. 약 50년의 나이차를 극복하고 안징재는 숙량흘의 셋째 부인이 된다. 그녀는 집안의 후사를 이을 수 있는 아들을 출산하였는데, 그가 바로 공자이다. 그의 본래 이름은 구(丘)인데 이는 움푹 파인 정수리가 마치 언덕과 같아 그렇게 이름 붙여졌다. 현재 위대한 성인으로 추앙받는 인물이긴 하지만, 『사기』는 그의 모친의 이름조차 확실하게 전하지 않고 있다. 또한 니구산에서의 기도를 통하여 공자를 얻었다는 전설적 내용과 듣기에 다소 상스럽게 느껴지는 '야합'이라는 단어로써 그의 출생을 서술했다는 점도 특이하다.

공자의 출생에 대한 『사기』의 기록 중 가장 논쟁적인 것은 공자가 부친과 안씨 부인의 야합으로 태어났다는 언급이다. 우선 이 한자어를 그대로 번역하면 '들판에서의 교합'이다. 어쩌면 나이차가 크게 나는 이 부부는 제대로 된 방 한 칸 없이 움막 같은 곳에서 결혼 생활을 시작했을 수 있다. 그 당시 성 안에 살던 사람들은 '영토 안 사람[國人]'으로 불렸다. 반면에 성 밖에 살던 사람들은 '들에 사는 사람[野人]'으로 불렸다. 성 안의 사람은 기본 생활에 문제가 없는 이들이었다. 반면에 성 밖의 사람들은 생활이 곤궁했으며 공권력으로부터 제대로 보호받지 못했다. 공자의 부모는 성 밖의 '들'에 거주하던 야인이었다. 그래서 그들의 결합을 '들판에서의 합방'이라고 불렀다고 해석할 수 있다.

'야합'에 대한 또 다른 의견으로는 봄 축제[春祭]와 관련된 주장이 있다. 춘제는 한자의 의미 그대로 한 해의 평안과 풍년을 기원하기 위해 봄에 하늘과 조상에 제사를 지내는 의식이다. 공자의 조상들이 살던 은나라에는 매년 농사철이 시작되는 중춘(仲春)에 남녀가 교외의 특정 장소에서 유흥을 즐기며 서로 교합하는 풍속이 있었다. 남녀의 교합과 곡식의 열매 맺음은 서로 비슷한 점이 있었기에 당시 사람들은 인간의 생식활동과 농업을 연결하여 이런 봄 축제를 만들었다. 『주례(周禮)』에 이와 유사한 기록이 보인다.

[중춘에] 남녀가 서로 회합하도록 했다. 이때는 남녀가
결합하는 것을 금하지 않았고, 아무 이유 없이
명을 따르지 않는 사람은 처벌했다. [2]

2
中春之月 令会男女 于是时也.
奔者不禁 若无故而不用令者
罚之.『周禮』「地官司徒第二」

따라서 이 해석에 따른다면, 숙량흘과 안징재는 봄 축제 기간에 만났고, 이를 통해 공자를 낳았다. 이러한 전통 풍속에 의한 교외에서의 결합으로 공자가 탄생하였기에 야합이라 기록했다는 것이다.

최근 많은 중국학자는 숙량흘과 안징재의 나이차가 상당히 크다는 점에 주목해 『사기』 기록은 이런 생각이 반영된 결과라고 본다. 기록의 진위가 확실하지는 않으나 사마정(司馬貞)의 『사기색은(史記索隱)』에 따르면 숙량흘이 안징재와 세 번째 결혼을 할 당시 안징재의 나이는 16세에 불과했다. 부부 사이에 약 50년의

나이차는 당시에도 예에 맞지 않아 사마천이 야합이라고 기록했다는 주장이다.

이처럼 야합의 의미에 대해서는 서로 다른 주장이 제기되고 있다. 공자의 출생에 대한 더욱 신뢰할 만한 자료가 등장하지 않는 이상 그 진의를 명확히 밝히기는 어렵다. 다만, 여러 해석을 비교해 보면, 그 바탕에 공통된 전제가 있음을 알 수 있다. '야합'이라는 표현을 썼던 당대의 실제 정황이 무엇이던 간에, 공자가 부유한 가문에서 축복받으며 태어난 게 아니라는 사실은 분명하다. 즉, 그는 아주 천하고 볼품없는 '흙수저' 출생으로서 스스로 몸을 일으켜 후대에 이름을 전한 위대한 인물이다. 공자는 그 출생부터 남다르거나 고귀한 인물이 아니다. 그가 성인의 칭호를 얻은 것은 처절한 삶의 궤적 속에서 이룬 자신만의 성과를 통해서이다. 움막에서 거의 야인으로 살아야 했던 흙수저 공자가 이룬 것은 과연 무엇인가?

15세가 되어서 처음으로
배움에 뜻을 두다

　공자는 세 살 무렵 아버지를 여의고 어머니와 어렵고 빈곤한 유년기를 보낸다. 이어서 모친이 작고하는 십대 후반까지 그는 지독하게 곤궁한 성장기를 보냈다. 자신이 어려서 천했다는 사실을 공자 스스로가 『논어(論語)』에서 고백하고 있을 정도다.

　태재(大宰)가 자공(子貢)에게 물었다. "선생님은 성자인가? 어찌 그렇게 재능이 많으신가?" 자공이 말했다. "진실로 하늘이 그분으로 하여금 성인이 되게 하시고, 또 능력이 뛰어나게 하신 듯합니다." 선생님께서 그 말을 듣고 말씀하셨다. "태재가 나를 아는구나! 나는 어렸을 때 천했기 때문에 비천한 일을 잘한다. 군자는 잘하는 일이 많은가? 많지 않느니라." 뇌가 말했다. "선생님께서는 '내가 등용되지 못했기 때문에 기예를 많이 배우게 되었다.'고 말씀하셨다." [3]

3
大宰問於子貢曰 夫子聖者與 何其
多能也. 子貢曰 固天縱之將聖 又
多能也. 子聞之曰 大宰知我乎 吾
少也賤 故多能鄙事. 君子多乎哉
不多也. 牢曰 子云 吾不試 故藝.
『論語』「子罕」

이처럼 어린 공자는 잡일을 배워서라도 생계를 유지해야했다. 그가 자신이 더 이상 이렇게 살아서는 안 된다고 생각한 때는 언제일까? 아무런 희망도 없이 근근이 생계를 이어가는 데 급급한 생활을 청산하고 삶을 바꾸어야 한다는 자각이 든 시기를 15세라고 그는 술회한다. 공자는 어떻게 삶을 도모하고자 했는가? 바로 배움[學]을 통해서다.

4
吾十有五而志於學.
『論語』「爲政」

나는 15세에 배움[학문]에 뜻을 두었다. [4]

배움과 거리가 멀어 보이는 이 시기를 공자는 '학문에 뜻을 둔 시기'라고 회상하고 있다. 흔히 '학문에 뜻을 두었다.'고 번역되는 이 구절을 어떻게 이해해야 할까? 지금처럼 조기 교육이 유행인 시대에도 15세에 학문의 길을 가겠다고 결정하는 청소년은 거의 없다. 그래서 이 구절을 통해 공자가 15세에 학자로서의 장래 삶을 이미 기획했다고 판단하기는 어렵다. 금수저도 아닌 그에게 이는 애초에 불가능한 일이다. 사마천의 『사기』를 보면, 공자는 소꿉장난을 할 때부터 늘 제기(祭器)를 펼쳐 놓고 예를 올렸을 정도로 예에 관심을 보였다고 한다(『史記』 「孔子世家」). 유가에 별로 친근감이 없었던 사마천이지만 이미 성인으로 추앙받던 공자의 어린 시절을 기록하다 보니 무언가 미화하는 구절이 필요했을 법하다. 그래서 사마천은 공자가 전래하던 예 문화에 어린 시절부터 큰 관심을 보였으며, 사상가로서 그의 학문적 성취가 이미 예견되었다고 기록했다. 그런데 그의 가계, 출생 및 스스로의 언급을 고려하면, 잡일을 하며 근근이 생활을 이어 나가야 했던 소년 공구가

15세에 본격적으로 학문에 자신의 삶을 바치겠다고 결심하였다는 것은 아무래도 믿기 어렵다.

'15세에 학문에 뜻을 두었다.'는 구절은 비천한 일로 생계를 이어나가던 소년 공구가 어떤 계기로 인하여 강한 내적 자극을 받고 삶을 개척하기 위해 더는 이렇게 살아서는 안 되고 '배워야 한다.'는 결심을 굳혔다는 의미일 가능성이 높다. 그래서 '15세에 학문에 뜻을 두었다.'는 '15세에 배움을 시작하였다.'의 의미로 받아들이는 게 타당하다. 15세에 이르러서야 향리에 있는 글방이라도 다니며 배워야 한다는 생각을 했을 정도이니, 당시의 명문 귀족 자제들에 비하면 얼마나 늦은 시작인가! 이렇게 그는 상대적으로 늦게 배움의 필요성을 알아차렸다. 하지만 그 이후 한 번도 배우고 가르치는 일을 그만 둔 적이 없다. 이런 맥락에서 공자는 배움을 '평생의 업으로 삼았다.'고 할 수 있다.

실제로 공자가 자신의 삶을 술회한 「위정」의 구절을 보면, 15세에서 바로 30세로 넘어간다. '삼십에 [나는 예]에 섰다.' 15세 이후 20대에 자신에게 어떤 변화가 있었는지를 언급한 기록이 『논어』나 『춘추(春秋)』 등에 등장하지 않는 걸 보면 30세까지 15년은 계속되는 배움의 기간이었다. 결국 15세에 배움에 뜻을 둔 이후, 전래하는 전통문화 전반을 익히는 데 15년이라는 짧지 않은 시간이 들었다. 그는 아마 평범하지 않은 젊은이였겠지만, 30세 이후에야 자신의 이해를 바탕으로 새로운 학문을 추구하는 게 가능했다.

하지만 이런 소년 공구의 결심과 달리, 공자가 배움의 길로 나아가는 과정에는 많은 어려움이 있었다. 당장 가난했던 공자는 일정한 스승 없이 홀로 배움의 길을 외롭게 걸어야 했다.

위나라의 공손조가 자공에게 물었다. "중니는 어디서 배웠는가?" 자공이 답했다. "문왕과 무왕의 도가 아직 땅에 떨어지지 아니하여 사람들에게 남아 있다. 현자(賢者)는 그 가운데 근본적인 것을 알고, 현자가 못되는 사람은 그 지엽적인 것을 알고 있다. 문왕(文王)과 무왕(武王)의 도가 없는 곳이 없으니 선생님께서 어찌 어디서인들 배우지 아

니하시며, 또 어찌 일정한 스승이 있어야 하겠는가?" [5]

5
衛公孫朝 問於子貢曰 仲尼焉學.
子貢曰 文武之道 未墜於地 在人.
賢者識其大者 不賢者識其小者.
莫不有文武之道焉. 夫子 焉不學.
而亦何常師之有. 『論語』「子張」

자공은 공자가 일정한 스승에게서 교육받지 않았다고 말하고 있다. 당시에는 아직 정해진 시험을 통하여 관직에 등용하는 과거제가 실시되지 않았다. 대신 집안 대대로 관직이 세습되거나, 천거를 통해 능력 있는 사람이 관직에 나아갔다. 부유한 집안의 자제들은 집안에 고용된 선생으로부터 가르침을 받아 상당한 소양을 쌓고 관직에 진출하였다. 그러나 공자는 명망가의 자제도 아니었고 가정형편도 넉넉하지 못했기 때문에 체계적으로 가르침을 받지 못했다. 그러다 보니 주위의 다양한 환경과 인물들을 통하여 스스로 배우고 가르침을 얻어야 했다. 이런 그에게 일정한 스승이 있었을 리가 없다. 지금으로 말하면 그는 독학으로 깨우쳐 나가는 자기 주도형 학습에 능한 학생이다.

마침내 말단 공무원이 되다

가난한 가정환경 탓에 잡일을 하며 생계를 유지하고 있었던 그는 자신에게도 관직을 향한 길이 열려 있었음을 알게 되었다. 공자는 관직을 통하여 지독한 가난에서 벗어나고자 배움에 뜻을 두었다. 배워야 한다는 욕구를 품은 지 약 5년 후 20세 무렵에 그는 마침내 말단 공무원이 된다.

[공자는 가난하였고 신분도 낮았다.] 그래서 장성한 후에는 계손씨의 창고 출납을 담당하는 하급 관리가 되었는

데, 업무를 관장하고 일을 처리하는 것이 올바르고 합당
하였다. 또 일찍이 가축을 관리하는 사직리(司職吏)라는 관
직을 맡기도 했는데, 그가 담당한 후 가축들이 살찌고 그
수가 많이 불어났다. [6]

6
[孔子貧且賤.] 及長 嘗爲季氏史
料量平. 嘗爲司職吏 而畜蕃息.
『史記』「孔子世家」

　　일정한 선생으로부터 제대
로 배우지도 못했고, 생계가
급했던 그에게 말단 공무원
자리보다 더 나은 선택권은 없었다. 그래서 그는 물품
보관 창고에서 출납을 관리하는 경리와 가축을 돌보는
직책을 기꺼이 맡았다.

　　한편 이 무렵 그는 혼인을 하고 아들을 얻었다. 『공
자가어(孔子家語)』에 따르면, 노 소공은 공자의 아들이
태어났다는 소식을 듣고 잉어를 하사했다. 제후의 축
하를 받은 공자는 아이의 이름을 잉어를 뜻하는 리(鯉),
자를 백어(伯魚)라고 지었다. 일부에서는 이를 근거로
이때 이미 공자가 그의 학문적 능력을 인정받았다고
주장한다. 만약 그렇다면 공자가 스무 살 때 벌써 육예

(六藝), 즉 예학[禮]·음악[樂]·궁술[射]·기마술[御]·글쓰기[書]·수학[數]에 능하여 그의 사회적 평판이 상당히 올라갔다는 뜻이다. 공자가 전래하는 예의 문명을 자신이 주장한 인의 문명으로 돌리고자 인에 대한 새로운 학설을 내세우기 전까지 당시 상류 지배층의 인정을 받을 수 있는 학문 체계는 육예뿐이었기 때문이다. 그러나 노 소공이 과연 공자에게 직접 잉어를 하사했는지는 의문이다. 당시 하급 관리였던 공자의 사회적 지위를 고려할 때, 아무래도 이는 신빙성이 없는 주장이다. 당시 공자가 맡았던 관직은 군주에게 인정을 받거나 사회적으로 존경을 받을 자리가 아니다. 오히려 신뢰할 만한 자료는 창고 회계나 가축을 관리하는 낮은 직책에서부터 그의 경력이 시작되었다는 점을 분명하게 보여준다. 『공자가어』의 이야기는 '무관의 제왕으로 추앙되는 공자[孔子素王]'의 청년 시절에 특별함을 부여하고자 후대인이 첨가한 이야기로 보인다. 게다가 『공자가어』는 그 내용을 전적으로 신뢰할 수 있는 서적이 아니다.

요컨대, 공자는 몰락한 귀족의 후예로서 평민은 아니었지만 그의 험난한 어린 시절이 증명하듯 평민보다 못하게 살았다. 유년기와 청소년기의 어려운 가정형편은 그에게 학문보다는 잡다한 일들을 먼저 익히도록 하였다. 그는 가난에서 벗어나기 위해 공무원이 되고자 하였으며, 15세에 배움에 뜻을 두어 노력한 끝에 20세에 창고지기와 가축관리 같은 낮은 관직을 맡았다. 하지만 공자는 여기에 안주하지 않았다. 그는 관직에 있으면서도 틈틈이 배움에 정진하였고, 동시에 자신이 처한 혼란한 시대의 냉엄한 현실을 목도하고 새로운 세상에 대한 열망을 품게 된다. 이러한 배경 속에서 그는 신분제 사회의 굴레에서 벗어나 능력 위주의 인재 등용이 이루어질 수 있는 정치 개혁의 필요성을 절감했다. 이상사회를 이루고자 하는 정치적 염원은 그로 하여금 평생을 몸 바쳐 그 꿈을 이루려고 노력하도록 이끌었다.

세상의 질서[禮樂制度]가
무너지다

공자가 활동하였던 기원전 5~6세기에 중국 대륙은 주 왕실을 중심으로 하여 그 아래 여러 제후국을 두는 봉건제도에 의해 통치되었다. 이러한 봉건제도는 혈연을 바탕으로 구축되었는데, 주나라의 천자와 제후국의 제후는 같은 희씨(姬氏) 성을 가진 씨족 집단의 일원이었다. 제후들은 조상에 대한 제사를 모시는 주 왕실을 보호하고 받들었다. 즉, 하나의 제사 공동체인 본가와 분가의 종법(宗法) 질서를 통해 국가 통치 질서가 유지되었다. 공자가 태어난 노나라 역시 주공의 큰아들인

백금(伯禽)에 의해 건설된 국가로서 주나라의 제후국 중 하나였다.

그러나 세대를 거듭하면서 주왕실과 제후국을 연결해 주던 혈연에 기반을 둔 종법 질서가 약화되었다. 당시 천자국과 제후국 간의 봉건질서가 무너지자, 제후국 내에서도 제후와 대부(大夫) 간의 상하 연결 관계가 연쇄적으로 약해졌다. 이에 봉건 질서가 뿌리째 흔들리기 시작하였다. 공자가 활동하였던 시기의 노나라의 정치적 상황을 간단히 정리해 보면 다음과 같다.

지위	천자	제후	대부	가신
왕조와 권력 주체	주나라	노나라 소공(昭公), 정공(定公)	삼환(三桓): 계씨(季氏), 맹씨(孟氏), 숙씨(叔氏)	양화(陽貨), 공산불요 (公山弗擾)

노 환공(桓公) 이후에 소공이 그 뒤를 이어받았으나, 환공의 서자들이 각자 새로운 가문을 이루었고 이들이 삼환이다. 당시 소공은 실권을 잃었고, 노나라 권력은 사실상 삼환에게 집중되어 있었다. 다시 말해 당시 노

나라는 대부인 계씨, 맹씨, 숙씨에 의해 좌지우지되고 있었다. 주왕실의 제후국들에 대한 통제력이 약화되자 이에 제후국 간의 패권다툼이 일어나고, 제후국 내의 상하 통치 질서까지 흔들리게 된 것이다. 공자 당시에는 대부가 천자의 권위를 탐하고, 대부의 일을 돌보던 가신이 제후의 권력을 탐하는 지경에 이르렀다. 『논어』에 등장하는 팔일무(八佾舞) 사건이 바로 천자와 제후의 권위를 가신이 어떻게 무시하는 지를 보여주는 적절한 예이다.

공자께서 계씨에 대해 말씀하셨다. "자기 집 마당에서 [천자의 의식인] 팔일무를 추게 하다니, 이 자를 용인하면 그 누구를 용인하지 못하겠는가!" [7]

천자가 의식을 치를 때 음악에 맞추어 무희가 춤을 추는 예식이 있는데, 천자(天子)의 경우 팔일무를 춘다. 팔일무란 8명의 무희가 조를

7
孔子謂季氏 八佾舞於庭 是可忍也 孰不可忍也.『論語』「八佾」

이루어 총 64명의 무희가 춤을 추는 형식을 말한다. 주례에 의하면 제후는 육일무, 대부는 사일무를 추도록 되어있다. 그러나 계씨가 이를 어기고 천자의 예법을 따름으로써 천자의 권한을 넘본 것이다. 혹자는 이 팔일무 사건을 한갓 악무단(樂舞團)의 숫자에 불과한 일이라고 여겨 이에 대한 공자의 반응이 지나치다고 본다. 그래서 그들은 공자를 속 좁은 일개 '서생'이라 비판하기도 한다. 하지만 이는 당시의 예악 의식이 바로 지금의 법률이나 행정 세칙과 유사한 성격을 갖는다는 면을 간과한 오해이다. 천자의 예악 의식을 일개 대부가 사용해도 된다면 이는 세력자 누구나 스스로 천자임을 과시해도 좋다는 의미가 된다. '내가 청와대 주인이다!' 누구나 이렇게 행세하고 다닌다면 과연 정치·사회 질서가 유지될 수 있을까? 기록에 의하면 당시 삼환은 권력을 남용해 노 소공의 악무단까지 자신의 집으로 소환하여 소공이 의식을 제대로 치르지 못하게 하는 만행까지 저질렀다. 이런 까닭에 공자는 '이런 자를 용인한다면!' 하고 강한 분노를 표출한 것이다. 다음 구절이 이런 사정을 총체적으로 정리해 준다.

천하에 도가 있으면 예악과 정벌이 천자로부터 나오고, 천하에 도가 없으면 예악과 정벌이 제후로부터 나온다. 제후로부터 나오면 대체로 십 대 안에 나라를 잃지 않은 이가 드물다. 대부로부터 나오면 대체로 오 대 안에 나라를 잃지 않은 이가 드물다. 가신이 정권을 장악하면 삼 대 안에 나라를 잃지 않은 이가 드물다. [8]

8
天下有道 則禮樂征伐自天子出
天下無道 則禮樂征伐自諸侯出.
自諸侯出 蓋十世希不失矣. 自大
夫出 五世希不失矣. 陪臣執國命
三世希不失矣. [天下有道 則政不
在大夫 天下有道 則庶人不議.]
『論語』「季氏」

즉, 공자가 활동하던 시기는 기존의 질서가 파괴되어 가고 있던 정치적 혼란기였다. 공자는 이러한 시대 상황을 '천하에 도가 없어' 사람들이 비참하게 죽어나가는 '참을 수 없는' 사태로 여겨 바로잡고자 했다. 젊은 공자의 가슴은 '세상에 도가 없는' 혼란 사태를 끝내고 안정된 이상사회를 건립하고자 하는 정치적 열망으로 활활 타올랐다.

2장

새로운 세상을 위한
정치개혁의 꿈을 꾸다

50대에 기회를 얻었으나 패배하다

　몰락한 귀족의 후예로 어린 시절의 고초를 이겨내며 성장한 그는 혼란한 세상을 바로잡아 사람들이 고통받지 않고 편히 살 수 있는 세상을 이 땅에 실현하고자 하였다. 이를 위해 그는 직접 현실 정치에 발을 담갔다. 공자 나이 35세에 일어난 팔일무 사건은 결국 소공이 제나라로 망명하는 것으로 마무리되었다. 그 무렵 공자도 제나라로 가 고소자(高昭子)의 가신이 되어 정치적 조언과 학문적 식견을 펼칠 기회를 얻었다. 하지만 제 경공(景公)은 공자를 등용하지 않았다. 제에서 견문을 넓힌 그는 37세에 노나라로 다시 돌아왔다. 현실 정치의 벽은 지금이나 그때나 높았다. 그는 47세에 반란으로 실권을 잡은 양화의 초청을 뿌리친 이후 51세가 돼서야 자신의 역량을 펼칠 기회를 맞이하게 된다. 이때 노나라 삼환이 양화를 공격해 양화가 제나라와 진나라로 도망쳤다. 이후 양화가 삼환을 모두 제거하려 하였으나 실패한다.

결국 다시 삼환이 권력을 잡게 되었다. 양화의 반란이 평정된 이후, 기원전 501년에 노나라 정공과 삼환은 공자를 노나라 서북부의 성읍인 중도[中都, 현재 산둥성 원상현 서쪽]를 다스리는 중도재(中都宰)로 임명했다. 51세에 이르러서야 공자는 마침내 자신의 능력을 발휘할 기회를 얻게 된 것이다. 내란 이후 노나라의 권력 구조에 상당한 변화가 있었고, 국가 위상 제고 및 민심 안정이 필요해 공자가 등용된다. 공자는 민심을 안정시키고 폐단을 개혁하여 민중의 이익 보호에 앞장섰다. 공직자로서의 본분에도 충실했던 공자는 능력을 인정받아 중도재에서 소사공(小司空), 대사구(大司寇)로 단기간에 빠르게 승진한다.

[그 후] 정공(定公)은 공자를 중도의 장(長)으로 삼았는데, 1년 만에 사방이 모두 공자의 통치방법을 따랐다. 공자는 중도의 장에서 사공(司空)이 되었고, 사공에서 다시 대사구(大司寇)가 되었다.[9]

9
[其後]定公以孔子為中都宰
一年 四方皆則之. 由中都宰為
司空 由司空為大司寇. 『史記』
「孔子世家」

공자의 정치 참여로 노나라의 국정은 안정되어갔다. 중도를 성공적으로 관리해 신임을 얻은 공자에게 기대를 건 노 정공이 묻는다. '중도를 다스리는 방법으로 노나라를 다스리는 것은 어떠한가? 공자가 답한다. [제 방법은] 천하를 [다스리는 것]도 가능한데 하물며 노나라는 말할 것이 있겠습니까?' (『공자가어』)

공자의 대답은 제후 앞에서 한 응대라고 보기 어려울 정도로 자신감이 넘친다. 사마천은 이 시기 공자의 통치 능력을 아래와 같이 평한다.

공자가 정치를 맡은 지 3개월이 지나자 양과 돼지를 파는 사람들이 값을 속이지 않았다. 남녀가 길을 갈 때 따로 걸었으며, 길에 떨어진 물건을 주워 가는 사람도 없어졌다. 사방에서 읍에 찾아오는 여행자도 관리에게 허가를 받을 필요가 없었고, 모두 잘 접대해서 만족하며 돌아가게 했다. [10]

10
與聞国政三月 粥羔豚者弗飾賈
男女行者別於塗 塗不拾遺 四方
之客至乎邑者不求有司 皆予之
以歸. 『史記』「孔子世家」

사공은 토지 등 민사적인 일을 주로 담당하는 직책이고, 대사구는 치안과 형사적 일을 판결하는 직책이다. 공자는 일을 맡은 지 3개월 만에 탁월한 행정능력으로 중도의 민심을 얻었다. '만약 나를 써 주는 사람이 있다면, 나는 그 나라를 동쪽의 주나라로 만들 것이다(『論語』「陽貨」).'는 그의 포부는 허언이 아니었다.

이 시기 공자는 삼환 세력과 우호적인 관계를 유지하고 있었다. 일례로『춘추공양전(春秋公羊傳)』에서 '공자가 계씨와 3개월 동안 어긋난 적이 없었다.'고 기록

하고 있을 정도이다. 그러나 공자 나이 54세에 그가 꾀한 휴삼도(墮三都) 방책 때문에 양측의 관계가 틀어지기 시작한다. 공자가 추진한 휴삼도 정책은 계손, 숙손, 맹손씨의 본거지인 비(費), 후(郈), 성(郕)읍 등 3성의 성벽을 제거하는 정책이다. 성벽을 제거함으로써 대부의 힘을 누르고, 제후의 힘을 강화하는 방안이라 노 정공의 적극적인 지원을 받았다. 그러나 삼환의 힘을 억눌러 제후의 힘을 강화시키고자 했던 이 정책은 결과적으로 계환자의 반격을 불러왔다. 공자의 목표가 자신들의 힘을 빼고 정공을 중심으로 하는 정치 질서의 회복이었음을 알아차린 계씨를 비롯한 삼환은 더 이상 공자를 중용하지 않았다. 공자의 뜻을 받들어 앞장서서 휴삼도를 실행하던 자로(子路)의 신변마저 위태로운 상황에 처했다.

더구나 제나라는 강성해진 노나라를 경계해 공자를 정계에서 퇴출시키고자 계략을 꾸민다. 『사기』에 따르면 제나라 조정은 노나라 군주와 계환자에게 80명의 미녀와 120필의 준마를 보내 이들이 정사를 보지 못하게 유도한다. 노나라 군주와 계환자는 무희를 받아들여 사흘 동안 정사를 돌보지 않았으며, 교제를 지내고도 그 희생 제물을 대부들에게 나누어 주지 않았다. 이렇게 정치 질서로서의 예가 무너지는 모습을 목도한 공자는 노나라를 떠나 14년간 위(衛)와 조(曹), 송(宋), 정(鄭), 진(陳), 채(蔡), 초(楚) 등 7개 나라를 돌아다니는 이른바 '천하주유'에 나서게 된다. 정치적 이상을 실현할 나라를 찾아 여행길에 오른 공자는 제자들과 함께 14년 동안 정처 없이 떠돌다가 뜻을 이루지 못하고 68세가 되던 해 노나라로 돌아온다. 이후 정사에 직접 관여하지 않고 남은 생을 본격적으로 저서 편찬과 후진 양성에 바치게 된다.

정치적 좌절을 극복하고자
'새로운 군자' 양성에 나서다

공자의 행적에 관한 신뢰할 만한 서적들을 살펴보면 30대에서 40대 사이에 특정 직책을 맡았다는 기록이 없다. 그는 스스로 서른 살에 [예]에 섰다고 술회한 적이 있다. 그러므로 30세경에 학문에 대한 앎이 일정 수준에 다다랐고, 플라톤의 아카데미아와 유사한 사설 교육기관에서 제자들을 가르치는 일로 생활하였을 것이다. 그가 제자를 양성하는 일은 노나라를 떠난 뒤에도 계속된다. 50대 중반 이후 말년까지 세상을 여행하면서 그의 사상은 더 깊어지고 완성되어 간다. 그의 긴

여행을 자신의 정치적 신념을 실현할 수 있는 명민한 군주를 찾는 일로 단순화시킬 수도 있다. 하지만 50대 이후의 공자의 학문 경향과 연계해보면 이는 공자의 삶 속에서 특별한 의미를 갖는다. 대략 공자의 학문 경향을 50대를 기준으로 해서 나누어 설명할 수 있다. 지금 우리가 중시하는 공자사상의 대부분은 50대 이후에 확립된 내용으로 증자(曾子)나 안연(顔淵) 등에게 전수된 것이다. 증자의 가르침은 자사(子思)를 통해 맹자에게로 이어져 유가의 정통 이론이 된다. 50대 이전의 예에 관한 담론이나 문학류의 가르침은 자하(子夏), 자유(子游)를 통해서 한(漢)나라의 경학(經學)으로 전수된다. 자하나 자유, 그리고 자장(子張) 등의 학문은 증자나 안연의 덕성 공부에 비해 한 단계 떨어지는 것으로 평가된다. 순자(荀子)는 이 셋을 묶어 '천유(賤儒)'라 했다.

공자가 자신의 삶을 통해 이루고자 한 것은 무엇인가? 그는 아들이 아버지를 살해하는 극단의 사회 혼란을 마감하고 새로운 사회, 이상적인 국가를 건설하고자 했다. 이를 위해 그는 관직을 맡아 현실 정치에 적극 참여했다. 또 제자들을 양성해 새로운 정치 지배층으로 만드는 데 주력했다. 그의 삶은 자신의 제자들과 뗄 수 없는 유기적 관계를 갖고 있다. 『논어』에 등장하는 그의 제자 중 여럿이 고위 관직에 올랐다는 사실이 이를 증명한다. 그가 말년에 다시 노나라로 돌아올 수 있었던 계기도 노나라에서 제자인 염구(冉求)가 얻은 승리 때문이다. 신임을 얻은 염구의 청으로 계강자(季康子)가 공자의 귀국을 요청했던 것이다. 그의 제자들과 기존의 지배층은 어떤 점에서 다른가? 출신 성분에 의해 지위가 결정되는 세습 지배층인지 아니면 학식, 덕성, 능력에 따라 자신의 지위를 성취한 신흥 계층인지가 다르다.

주지하듯 본래 군자는 통치자를 의미한다. 한자어 '君子'란 본래 군주의 자식이란 뜻이다. 군주의 적자, 서자 등 방계 일가가 혈연으로 인해 통치하는 군자 계층이 된다. 다른 말로 이들은 지배 귀족이다. 반면에 공자가 생각한 진정한 군자는 자신의 이상인격 실현이라는 도덕적 목표와 더불어 실제 정치·사회에 참여하여 민중 구제라는 정치적 목표를 실현하는 신흥 정치 계층이다. 이런 점에서 그가 생각한 군자상은 기존의 군자 개념과 확연히 다르다. 필자는 공자가 『논어』에서 새롭게 내세운 군자를 기존의 세습 지배층과 구분하기 위해 '신군자', 즉 '새로운 군자'라고 부른다. 위에서 필자는 공자가 새로운 정치 지도자를 양성하는 데 주력했다고 했는데, 이 새로운 통치 그룹이 바로 『논어』에서 그가 새롭게 제기한 신군자이다. 요컨대 신군자는 유가의 이상적 인간관이고, 유학은 '신군자의 학술사상'이라 해도 지나침이 없다.

새로운 군자는 어떤 사람인가?

공자의 설명에 근거하면, '신군자'의 최대 특성은 인격 수양에 있다. 그렇다면 구체적으로 어떠한 조건이 충족되면 공자가 생각한 '새로운 군자'가 되는가? 공자에 의하면 '바탕[質]이 꾸밈[文]을 이기면 조야해지고, 꾸밈이 바탕을 이기면 겉치레에 흐르게 되니, 바탕과 꾸밈이 조화를 이룬 연후에야 [참된] 군자가 된다(『論語』,「雍也」).' 『논어』에서 예악은 문[文, 수식]이고, 인[仁, 인간다움]은 그 바탕이다. 위 구절은 이 양자[文·質]가 적절히 조응해야 진정한 군자가 될 수 있음을 말한다. 만약 사람의 질박한 본성이 문화적 교양을 넘어서다면, 조야함을 면할 수 없다. 반대로 만약 사람의 문화 교양이 그의 질박한 본성을 넘어선다면, 능숙하게 일을 처리하고 아는 것도 많지만 성실함이나 참됨이 부족하게 된다. 그래서 새로운 군자는 그의 문화적 교양과 자신의 질박한 본성을 균형 있게 발전시켜 정신적으로 원숙한 경지에 이르러야 한다. 공자는 다음과 같은 덕목을 신군자의 조건으로 언급하고 있다.

1. 군자는 예를 알아야 한다

공자 이전 시대로 올라가 고전을 살펴보면, 인은 거의 언급되지 않았다. 반면에 예는 매우 중요하게 여겨졌다. 공자 이전 동양사상, 동양문화는 주례로 대표되는 예의 문화였다. 공자는 예의 본질적 바탕으로 인을 강조했다. 결국 공자 이후 동양문화의 핵심은 예에서 『논어』가 대표하는 인의 문화로 바뀐다. 이런 간단한 설명만으로도 우리는 동양문화와 동양사상의 흐름 속에서 공자가 얼마나 큰 역할을 했는지 알 수 있다.

예(禮)는 본래 종교적 제례 의식에서 기원했고, 공자 이전부터 널리 쓰이고 있던 개념이다. 당시 예는 크게 세 가지 의미를 지니고 있다. 첫 번째는 자연 질서를 의미하는 예로서, 이 경우 예는 천지자연의 운행 법칙에 근거하고 있다. 두 번째는 도덕규율로서의 예이고, 세 번째는 통치 질서(統治秩序)를 유지하는 정치 도구로서의 예이다. 공자는 『논어』에서 두 번째와 세 번째의 예를 자주 언급한다. 그는 항상 자신이 주나라의 예 문화를 계승해 후세에 전달하는 소임을 맡았다고 자부했다. 또 공자는 당시 형식에 치중하여 본래의 의미를 잃은 예의 실질을 인의 정신으로 채우고자 했다.

만약 인간의 내면적 욕구와 관계없이 천(天)과 같은 주재자에 의해 규정된 게 예의 질서라면 예는 타율적일 뿐이다. 우리가 자율적으로 예를 따르려면 예를 뒷받침할 내면의 근거가 필요하다. 공자는 그 근거를 인간다움[仁]에서 찾음으로써 예의 함의를 한층 더 풍부하게 한다. 인간다움을 표출하는 통로로서의 예가 공자가 생각한 예의 본 모습이다.

예를 배우지 않으면 [사회에서] 자립할 수 없다. [11]

예를 알지 못하면 [사회에서] 자립할 수 없다. [12]

11
不學禮 無以立.『論語』「季氏」

12
不知禮 無以立也.『論語』「堯曰」

예란 우리 몸의 등뼈 같은 줄기로서, 예 없이 우리는 자립[立]할 수 없다. 예를 알아야 한 사회인으로서 자립할 수 있고, 도덕 인격체로서 온전히 설 수 있다. 군자는 늘 넓게 배워야 한다. 하지만 박식함만으로는 부족하다. 군자는 항상 예로써 자기 자신을 단속해야 한다.

군자가 문헌을 폭넓게 배우고, 예로써 [자신을] 단속하면 도리에 어그러지지 않는다. [13]

13
君子博學於文 約之以禮 亦可以弗
畔矣夫.『論語』「顏淵」

아무리 많이 알아도 예로써 스스로 조절하지 않으면 남 앞에서 자신의 지식을 과시하는 사람이 되기 쉽다. 그런 사람은 가벼워 보여 다른 사람의 신뢰를 얻기 어렵다. 군자는 넓게 공부해 박학하며 자신을 예로 단속해 도리에서 어긋나지 않는 사람이다. 예로써 자신을 검속하는 일은 마음가짐과 행동 모두에 필요한 일이다. 남 앞에서 다리를 쫙 벌리고 거만한 투로 앉아 있는 사람이 자신을 잘 단속할 수 있을까? 행동거지가 제멋대로인 사람이 남을 배려하는 겸양이 있을 리 없다. 『논어』 같은 잠언집 성격의 고전에 같은 구절이 두 번 등장하는 경우는 아주 드물다. 하지만 위 구절은 안연과 옹야 편에 등장한다. 이는 분명 『논어』의 편집자들이 예가 가진 자기 검속 기능을 강조하고자 하였기 때문이다. 자신의 마음과 행동을 경계해 살피는 일은 훗날 주희와 퇴계에서 보듯이 '경(敬)'의 중요 요소가 된다.

따라서 군자가 되기 위해서는 내면의 모습이 발휘되는 외면적 행위 기준으로서의 예가 필요하다. 「태백」

편의 다음 구절에서, 예가 타인과 조화를 이루는 기준이자 형식임을 알 수 있다.

공자께서 말씀하셨다. "공손하되 예가 없으면 수고롭고, 신중하되 예가 없으면 두려움을 갖게 되며, 용맹스럽되 예가 없으면 혼란이 일어나고, 강직하되 예가 없으면 각박해진다." [14]

14
子曰 恭而無禮則勞 愼而無禮則
葸 勇而無禮則亂 直而無禮則絞.
『論語』「泰伯」

예라는 기준이 없으면 상대에게 공손함이 지나쳐 수고로울 수 있다. 만약 신중한 사람에게 적절한 행동양식이 없다면, 이런 사람은 조심만 하다가 매사에 두려움을 갖게 된다. 또한 용맹함이 표출되는 기준이 없으면 매번 만용을 부려 혼란이 발생할 수 있다. 또한 강직한 사람이 예라는 판단 기준이 없으면 너그러움을 상실하여 각박해질 수 있다. 요컨대, 공손함과 신중함, 용맹, 강직함 등의 규범적 가치 정신이 잘 표현되기 위해서는 예라는 표준이 요구된다.

일반적으로 예는 신군자의 외향적 행동을, 인은 내적 수양을 의미한다고 풀이하면서 예와 인을 별개로 두는 경향이 있다. 하지만 예는 인을 바탕으로 해서 온전히 드러날 수 있다. 역으로 진정한 인은 예를 통해 나타난다. 아래의 인용문은 우리로 하여금 인이 예의 실질적 바탕임을 알게 한다.

예라고 하는 것, 예라고 하는 게 옥이나 비단을 말하는 것이겠는가? 음악[樂]이라고 하는 것, 음악이라고 하는 게 종이나 북을 말하는 것이겠는가? [15]

사람이 인하지 않으면 예 같은 게 무슨 소용인가? 사람이 인하지 않으면 음악[樂] 같은 게 무슨 소용인가? [16]

15
禮云禮云 玉帛云乎哉 樂云樂云 鐘鼓云乎哉.『論語』「陽貨」

16
人而不仁 如禮何. 人而不仁 如樂何.『論語』「八佾」

인은 분명히 예의 본질이다.
하지만 외향적 형식인 예가 개인의 내면을 규율한다.

언뜻 듣기에 다소 모순되게 들린다. 그런데 '사람이 어질지 않으면 예 같은 게 무슨 소용인가?'라는 구절은 '[군자는] 예로써 [자신을] 단속한다.'라는 구절과 동전의 양면을 이룬다. 먼저 인은 예의 근거가 되고, 예는 인이 실현되는 방식이 된다. 즉, 인과 예의 관계 중 인은 내면적, 예는 외적 형식이라는 이분법적 풀이는 틀렸다. 인이 있어야 진정한 예가 되고, 예로써 올바르게 실천해야 인의 정신이 제대로 구현된다. 이렇게 예와 인은 상호 보완적인 측면이 있다.

그런데 예는 전래하던 전통문화의 한 부분이고, 인은 그가 새롭게 제기한 창의적 개념이다. 공자철학의 특징은 인간다움을 뜻하는 인을 강조하는 데 있다. 즉, 그가 더 강조하려 했던 것은 바로 인이다. 효도는 부모를 잘 봉양하는 일이다. 그러나 부모를 진심으로 공경하는 마음이 없다면, 부모를 모시는 일과 개, 돼지를 기르는 일을 어떻게 구별할 것인가? 효가 단순히 부모를 먹여 살리는 일에 그친다면, 이는 개나 돼지를 기르는 일과 어떻게 다른가? 진정한 예는 효도하려는 마음에 근거해 표현되어야 한다. 공자의 이런 강조가 바로 기존의 예의 문명으로부터 새로운 인의 문명으로의 전환을 일으킨다.

2. 군자의 근본은 인(仁)이다

공자의 가르침을 파악하는 데 '인(仁)'은 핵심이 되는 개념이다. 『논어』에서 총 110회나 등장하는 인은 공자의 철학에서 매우 중요한 위치를 차지한다. 그는 『논어』 「이인」편에서 '군자가 인을 떠나 어디서 이름을 얻겠는가?(君子去仁, 惡乎成名?)'라는 구절을 통해 인이 군자에게 필수적 요소임을 강조하고 있다.

한자어 仁은 사람 인(人)과 두 이(二)를 합친 형상이다. 즉, 둘 이상의 사람이 교류하며 친하게 지내는 모습이다. 글자에서도 보이듯 인의 가장 기본적인 의미는 남을 이해하고 타인과 잘 어울린다는 뜻이다. 공자는 『논어』에서 인에 대해 다양한 설명을 제시한다. 그

중 가장 널리 알려진 게, '[인은] 사람을 사랑하는 것이다(愛人)(『論語』「顔淵」).'라는 구절이다. 이는 번지(樊遲)가 인을 묻자 공자가 한 대답이다. 이에 보통 인을 '사랑' 또는 '인애(仁愛)'로 풀이한다.

이처럼 인을 사랑으로 풀이하는 것은 누구나 쉽게 이해하는 장점이 있다. 그러나 인을 단순히 사랑으로 정의내리기엔 무리가 있다. 먼저 번지는 제자 중 자질이 부족하여 공자 같은 위대한 스승마저 지도하는 데 어려움을 겪었던 학생이다. 번지가 논농사짓는 법을 물었을 때, 공자는 태연하게 자신이 나이 든 농부보다 더 나은 게 없다고 대답한다. 그러자 번지는 밭농사짓는 법을 알려 달라고 청한다. 공선생은 다시 자신이 경험 많은 밭농사짓는 이보다 더 나은 게 없다고 대답한다. 다른 제자들의 차가운 시선을 의식한 번지가 방을 나가자 공선생은 전래하는 전통문화의 전수자인 '나에게 물을 게 그렇게 없단 말인가!(『論語』「子路」)'라고 한탄한다. 여기서 답답한 마음을 못 이겨 공자는 번지를 소인으로 칭한다. 『논어』 전편을 통해서 재아(宰我)

다음으로 공선생에게서 혹평을 들은 학생 중 하나가 번지다. 근기가 떨어지는 번지에게 쉽게 설명한 것이 바로 '인은 사랑'이라는 풀이다. 하지만 인을 사랑으로 풀이하는 것은 지금의 초등학교 수준의 학생을 위한 방편이다. 이런 이해는 인의 다른 함의를 놓치는 게 아닐까? 조기빈(趙紀彬) 같은 마르크스주의자들은 번지를 생산에 관심을 둔 노동자로 치켜세우며, 공선생이 노동자 번지를 힐난했다고 비판했다. 하지만 공선생 본인이 전형적인 흙수저인데, 부족한 제자를 더 성숙한 사람으로 만들기 위해 노력한 공선생을 비판하는 일은 지나치다.

사실 『논어』 전편에 걸쳐 인은 하나의 개념으로 정의되고 있지 않다. 번지를 위해 사랑이라 설명한 경우는 위에서 살펴본 바대로 뒤떨어진 제자를 아주 특별하게 배려한 교수 사례이다. 사실 공선생은 번지에게 다른 방식으로 인을 설명한 적이 있다.

번지가 인에 대해 여쭈었다. 공자께서 말씀하셨다. "거

처할 때에는 공손하며, 일을 집행할 때는 공경하며, 사람과 만날 때는 진실해야 한다." [17]

17
樊遲問仁. 子曰 居處恭 執事敬 與人忠. 『論語』「子路」

이 구절처럼 구체적 실천 행위를 통해 인을 체화해 가는 과정을 번지는 이해하기 힘들어 했다. 『논어』에서 인을 풀이하는 구절은 뒤에 설명되듯이 대부분 인을 실천하는 방안에 집중되어 있다. 그러다 보니 인을 하나의 개념으로 정의내리거나 규정짓는 것으로 인의 총체적 함의를 제대로 파악하기는 어렵다. 많은 시행착오를 거쳐 전문가들은 이제 인이 하나의 덕목이 아니라 전덕[全德, perfect virtue]이라고 생각하고 있다. 사실 『논어』를 보면, 인이 단순히 어떤 개별적 덕목으로 환원될 수 없음을 알 수 있다.

"[남을] 이기려고 하는 것, [자신을] 자랑하는 것, [남을] 원망하는 것, 탐욕스러운 것, [이런 짓들을] 하지 않으면 인(仁)합니까?" 공자께서 대답하셨다. "하기 어려운 일이

라고 할 수 있겠지만, 인한지는 모르겠다." [18]

경쟁에서 다른 이를 늘 이기려 애쓰거나, 남에게 자신을 자랑하거나, 어떤 일로 타인에게 원한을 갖고 복수하려고 하거나, 매사에 탐욕을 부리는 일 등은 살아가면서 우리가 빈번하게 경험한다. 물론 우리 자신도 이런 마음가짐이 비도덕적이라는 것을 안다. 하지만 우리는 이런 마음을 버리지 못해 후회하며 살아간다. 이런 일을 저지르지 않아 후회하지 않을 정도라면 분명 고매한 인품을 가진 사람이다. 하지만 이렇게 유덕한 사람도 공자의 기준에서 인한 사람이라고 부르기에 여전히 부족하다. 공자는 인을 하나의 덕목으로 여기지 않기 때문이다. 오히려 인이란 여러 덕목이 종합적으로 잘 구현된 것이다.

공자께서 말씀하셨다. "강직함, 의연함, 질박함, 어눌함은 인과 가깝다." [19]

18
克伐怨欲不行焉 可以爲仁矣.
子曰 可以爲難矣 仁則吾不知也.
『論語』「憲問」

19
子曰 剛毅木訥近仁.『論語』「子路」

성품이 강직하고 의연하며, 순박하고 말이 어눌하면 인과 가깝다는 공자의 설명을 미루어 인이 한 덕목으로 제한되는 게 아니라 이들을 다 포괄하는 전덕이라는 점을 알 수 있다.

자장이 공자께 인(仁)에 대해 여쭈었다. 공자께서 말씀하셨다. "다섯 가지를 천하에 실행할 수 있으면 인이라고 할 수 있다." [자장이] 그 내용을 여쭈었다. [공자께서] 말씀하셨다. "공손함, 너그러움, 믿음, 영민함, 은혜다. 공손하면 모욕을 받지 않고, 너그러움을 베풀면 많은 사람의 마음을 얻으며, 믿으면 사람들이 신임하고, 영민하면 공을 세우게 되며, 은혜로우면 사람을 족히 부릴 수 있다." [20]

20
子張問仁於孔子. 孔子曰 能行五者於天下爲仁矣. 請問之. 曰恭寬信敏惠. 恭則不侮 寬則得衆 信則人任焉 敏則有功 惠則足以使人.『論語』「陽貨」

위의 구절에서 공자는 공손[恭]·너그러움[寬]·믿음[信]·영민[敏]·은혜[惠]와 같은 덕목들을 적시적소에서 알맞게 실현하여 종합적으로 완성하면 인이라고 할 수 있다고 말한다. 따라서 여기서 인은 단순히 공손함, 너그러움, 믿음, 영민함, 은혜와 같은 개별 덕목이 아니라 여러 구체적인 덕목들이 조화를 이루어야 완성되는 덕성 전체라고 볼 수 있다. 전덕으로서의 인은 다른 덕목들의 근거이자 최종목표이다. 바로 이런 맥락에서 공자는 인이란 심지어 몸을 죽여서라도 이루어야 할 궁극 목표라고 강조한다.

　　공자께서 말씀하셨다. "뜻 있는 선비와 인간다운 사람은 삶에 연연하여 인간다움을 손상시키지 않고, 제 몸을 희생해서라도 인간다움을 이룬다." [21]

뜻 있는 선비와 인간다움이라는 보편 덕을 갖춘 사람은 현실원리에 얽매이지 않고, 자신의 목숨을 무릅쓰고라도 인

21
子曰 志士仁人 無求生以害仁 有殺身以成仁. 『論語』「衛靈公」

을 이루고자 한다. 자신을 희생하면서까지 인간다움을 이루려는 이런 모습에서, 인이 수양의 정점에 놓여 있

음을 알 수 있다. 따라서 인이란 개인의 내면을 지속적으로 갈고 닦게 하는 도덕적 이상향이다.

3. 인의 구체적인 실현방법 : 충서(忠恕)

공자가 인의 실천방법으로 제시한 게 바로 충서이다. 일반적으로 충을 윗사람에 대한 복종이라 생각한다. 하지만 충이 윗사람의 지시를 무조건 따르는 것으로 해석된 일은 『논어』 시대 이후의 일이다. 그 단초는 법가의 저술에서 보이고, 한(漢) 대의 가부장적 사회 질서가 공고해진 이후에 이런 해석이 일반화되었다. 이시기 진실함, 충실함을 의미하는 충의 본래 의미가 퇴색되고, 충은 우리가 알고 있는 국가나 조직에 대한 충성의 의미로 변했다.

한자어 충(忠)은 '중(中)'과 '심(心)'이 합쳐진 글자이다. 본래 충자는 '내 마음의 한가운데'라는 의미다. 『논어』에서 충자는 내 마음의 중심, 곧 마음의 참된 부분을 뜻한다. 이는 우리가 흔히 쓰는 현대어 양심과 유사한 의미를 갖는다. 서의 한자어는 '~와 같은[如]'과 '심(心)'이 합쳐진 모습[恕]이다. 이를 통해 서는 '내 마음과 같은 것'이라고 풀이된다. 즉, 서는 충이 담지한 나의 진실한 마음을 주변 사람에게 전달해 나와 같은 마음이 되도록 하는 실천행위를 포함한다. 후대에 주희는 정이(程頤)를 따라 자기를 온전히 다하는 것이 충이고, 자기를 미루어 남에게 도달하는 것이 서라 풀이했다.

증자가 '선생님의 도는 충서일 뿐이다!(『論語』「里仁」)'라고 했을 정도로 공자는 충서를 중시했다. 공자는 서에 대해 다음처럼 설명한다.

자공이 여쭈었다. "한마디 말로 평생 동안 그것을 실천할 만한 것이 있습니까?" 공자께서 말씀하셨다. "그건 [바로] 서(恕)겠지! 자기가 바라지 않는 일은 남에게 행하지 말아야 한다." [22]

22
子貢問曰 有一言而可以終身行
之者乎 子曰 其恕乎 己所不欲
勿施於人.『論語』「衛靈公」

서는 자기가 싫어하는 일을 남에게 행하지 않는 것
이다. 비록 충은 서처럼 『논어』에서 분명하게 설명되
고 있지 않다. 하지만 다음 구절을 충에 대한 설명으로
보는 전문가도 있다.

인한 사람은 자기가 서고자 하면 남부터 서게 하고, 자기
가 이루고자 하면 남부터 이루게 해준다. 가까운 데서 구체
적인 예를 찾을 수 있으면 그것이 바로 인의 실천방법이라
고 할 수 있다. [23]

23
夫仁者 己欲立而立人 己欲達
而達人. 能近取譬 可謂仁之方
也已. 『論語』「雍也」

결국 충서는 인을 행하는 방법
으로 자신이 하고 싶지 않은 것
은 다른 사람에게도 시키지 않
고, 자신이 원하는 바를 남이 먼저 이루도록 돕는 것
이다. 어원적으로 충이 내 마음의 진실한 부분을 의미
하고, 서는 이 참된 마음을 남에게 전달하는 것이 된
다. 즉, 서는 '충'한 자신의 마음을 남에게 전달한다는
의미이다. 예를 들어, 자신이 믿는 종교적 신앙으로 나

의 마음을 진실하게 채운 참된 신앙인이라면 이 진실한 마음을 남에게 전달해야 한다. 따라서 서는 일부에서 주장하듯이 인의 소극적인 측면이 아니라 적극적·실천적인 측면이다. 이런 공자의 서는 기독교의 황금률, '무엇이든지 남에게 대접을 받고자 하는 대로 너희도 남을 대접하라.'와 같다. 논리적으로 보았을 때도 자기가 바라지 않는 것을 남에게 행하지 말라는 것은 결국 자기가 바라는 것을 남에게 행하라는 것과 동일하다. 그동안 서를 은률[銀律, silver rule]로 치부해 기독교의 황금률에 비해 격이 떨어진다고 여겼다. 하지만 이는 전형적인 오리엔탈리즘으로 잘못된 이해이다. 영장류를 연구하는 드발(Frans de Waal) 같은 전문가가 자신의 저서 곳곳에서 서의 정신을 최고의 도덕 법칙이라 주장하는 이유를 곰곰이 생각해 볼 필요가 있다.

예를 들어, 남녀 사이의 많은 문제는 서로의 다름에 대한 자각이 부족한 데서 비롯된다. 자신이 상대로부터 받고 싶은 행동을 상대에게 강요하고, 상대가 이를 거북스럽게 여기고 이별을 고하면 분노에 차 어떤 이들은 폭행이나 심지어 살인을 저지르기도 한다. 여기에는 자신의 가치나 기호를 상대가 좋아할 것이고, 이게 상대방에게도 도움이 될 거라 생각하는 맹목적인 확신이 전제되어 있다. 이렇게 '남에게 대접을 받고자 하는 대로 너희도 남을 대접하라.'를 상대에게 실천하려고 한다면 어떻게 되겠는가? 결국 기독교의 황금률도 '자기가 바라지 않는 것을 남에게 행하지 말라.'는 서의 정신을 전제로 해야 통용될 수 있다. 이처럼 충과 서는 동전의 앞뒤처럼 함께 가야 한다. 자신의 마음을 진실되게 채우고 이 마음으로 남에게 행하는 실천이기 때문에 충서는 인을 실천하는 적절한 방법이다.

4. 군자는 옳음을 바탕으로 한다

인과 예 외에 옳음[義] 역시 신군자의 조건 중 하나가 된다. 옳음, 합당함이나 오늘날의 정의를 의미하는 의는 본래 '마땅히 하여야 하는 일[應然之事]'을 일컫는다.

군자는 의를 바탕으로 삼고, 예로써 행하며, 겸손함으로써 드러내며, 신의로 이루니, 이것이 [바로] 군자다. [24]

군자는 천하[의 일을 처리함에 있어] 꼭 이래야만 된다는 것이나 반드시 안 된다는 것이 없으니, 오직 옳음을 따를 뿐이다. [25]

24
子曰 君子義以爲質 禮以行之 孫以出之 信以成之 君子哉.
『論語』「衛靈公」

25
君子之於天下也 無適也 無莫也 義之與比 『論語』「里仁」

인용문에서 보듯, 신군자 행위의 근본 바탕에 의로움이 있다. 군자는 이를 기반으로 해서 예로써 실천하고, 겸양과 신의로 자신의 원대한 바람을 성취한다. 그래서 옳음은 군자의 본질이며, 예는 이 본질을 드러내는 문채가 된다. 의로움이라는 바탕[質]에 예의 꾸밈[文]이 더해질 때에서야 비로소 새로운 이상인격으로서의 군자가 된다. 그렇다면 앞에서 인이 예의 본질이라 했는데, 옳음과 인은 어떤 관계인가? 공자는 예의 바탕에 인과 의로움을 설정하고, 의로움의 근간으로서 인을 다시 전제한다. 즉, 예는 의로움에, 의로움은 다시 인간다움을 그 근본 바탕으로 한다. 후대에 오면 맹자가 말한 사덕 중 인의예지는 각각의 덕이지만 총체적 전덕으로서의 인은 나머지 세 개를 포괄한다. 공자가 생각하는 인의 위상 또한 이와 유사하다. 군자는 옳음을 자신의 행동 준칙과 가치 판단의 기준으로 삼는다. 그래서 신군자는 일을 처리함에 있어 지역 연고나 학연 등을 고려해 이익이 있는 어느 한 쪽으로 기울지 않는다. 신군자는 언제나 의로움으로 매사에 처신하는 사람이다. 그래서 공자는 '군자는 의로움에 밝고, 소인은 이익에 밝다(『論語』「里仁」).'고 지적한다.

5. 군자는 통치능력을 갖추어야 한다

공자의 '신군자'는 내적인 인격 수양 이외에도, 외적인 통치능력[平天下]을 갖추어야 한다. '신군자'는 도덕 철학의 영역에서 인간다움을 가진 유덕자이고, 정치철학의 영역에서 정치 지도자이다. 그러므로 '내면으로는 성인이며, 밖으로는 통치능력을 갖춘 왕[內聖外王]'이라는 한 마디로 신군자의 특성이 총괄될 수 있다. 결국 신군자의 도는 내성외왕의 도라고 할 수 있다.

자로가 군자에 대하여 묻자, 공자께서 "경으로 몸을 닦는 것이다."라고 하셨다. 자로가 "이와 같이만 하면 됩니까?" 하고 묻자, "자신을 닦아서 사람을 편안하게 하는 것이다."라고 하셨다. 자로가 "이와 같이만 하면 됩니까?"라고 묻자, "자신을 닦아서 백성을 편안하게 하는 것이니, 몸을 닦아서 백성을 편안하게 함은 요순께서도 어렵게 여기셨다."라고 하셨다. [26]

26
子路問君子. 子曰 脩己以敬. 曰
如斯而已乎. 曰 脩己以安人. 曰
如斯而已乎. 曰 脩己以安百姓.
脩己以安百姓 堯舜其猶病諸
『論語』「憲問」

이 중 '경으로 몸을 닦는 것[修己以敬]'은 군자의 첫 번째 특성인 내재적 인격 수양의 품성을 가리킨다. '자신을 닦아서 백성을 편안하게 하는 것[修己以安百姓]'은 군자가 인격 수양의 품성만을 구비해야 하는 것이 아니라 동시에 외적으로 세상을 다스리는 통치능력도 갖춰야 함을 보여준다. 그러므로 공자의 신군자는 양자를 동시에 구비한 인간상이다. 이는 자신을 닦아[修己] 다른 사람을 다스리는[治人] 공부 과정의 전체에 해당한다.

군자는 개인의 도덕적 인격 수양에 그치지 않고 이를 일상생활에서 실천하여 모범을 보여 구성원들을 교화해 더 나은 사회로 이끈다. 이러한 이유로 유학을 일반적으로 '자신을 닦아 다른 사람을 다스리는[修己治人] 학문'이라고 한다. 즉, 군자가 치인, 타인을 올바르게 이끌려면 먼저 자신을 수양해야 한다는 점에서 유학은 윤리와 정치가 일체화된 사상 체계라 할 수 있다.

『대학(大學)』은 이러한 신군자의 이상을 계승하여, 격물(格物)·치지(致知)·성의(誠意)·정심(正心)·수신(修身)을 내면적 인격 수양의 공부로, 제가(齊家)·치국(治國)·평천하(平天下)를 밖을 향한 통치의 실천 순서로 제시한다. 유가에는 수신을 통해 세상을 구제하고자 하는 정치 목표가 있기 때문에 현실 정치를 소홀히 하지 않는다. 이런 맥락에서 『대학』의 팔조목은 유가 정치철학의 기본 강령이 된다.

3장

노련한 선생 공자,
어떻게 무엇을 가르쳤는가?

공자의 제자 양성 목표

공자가 언제 처음으로 학생들을 가르치는 교육을 시작했는지는 확실하게 단정할 수 없다. 비록 언제 누구를 제일 먼저 어떻게 가르쳤는지를 확정하긴 어려우나, 공자가 처음 교육을 시작한 것은 공자 자신이 예생(禮生) 계층이었기 때문이다. 이들은 각종 의식에서 사용되는 구체적인 예를 지도함으로써 생계를 유지했다. 기술적 지식을 사람들에게 전달하던 예생은 점차 앎을 전수하는 지식인 계층으로 전환되는데, 공자 역시 유사한 길을 걸었다. 30대 이후로 공자 자신의 사상이 깊어지고 무르익어감에 따라 단순한 예 교육의 비중은 줄어들고, 조금 더 사상적인 내용 교육이 많아진다. 그는 자신의 정치적 성공과 좌절을 제자 양성과 관련짓게 되고 더 넓은 시야로 세상을 바라보게 된다. 50대 이후 제자 양성은 자신의 정치적 이상을 실현하기 위한 원대한 계획의 한 축이 된다. 제자 교육이 단순한 생활수단 이상의 의미를 지니게 된 것이다.

'쉰에 하늘의 명령을 알게 되었다[知天命].'는 그의 술회는 의미심장하다. 그가 말한 하늘의 명령은 무엇일까? 자신의 오랜 염원인 정치 개혁이 실패하자, 자신이 배출한 신군자를 통해 자신의 정치적·도덕적 신념이 이 세상에서 꽃피우게 될 거라는 소명을 깨달았다는 것으로 필자는 지천명을 해석한다.

공자는 주나라의 통치 질서를 회복하고 이를 다시 혁신하려고 하면서, 시대에 부흥하는 정치 개혁을 위해 세습 귀족에 의지해서는 안 된다는 점을 깨닫는다. 삼환의 농간으로 겪은 자신의 실패를 거울삼아, 그는 정치 개혁이 신군자들의 수신을 통해 밑으로부터 시작되어야 할 일이라고 결론내린다. 유능한 제자를 배출하면 이들이 정사에 직접 참여하여 정치 체제를 바꾸는 일종의 무혈혁명이 가능하다고 그는 생각했다. 나라를 이끌어갈 젊은 지도자들이 올바른 덕성과 재능을 함양하도록 하는 일이 바로 공자가 추구한 교육 목표이다.

그는 서민, 천민 계급도 교육을 받고 학문을 수양하여 덕을 쌓으면 지배계층이 될 수 있다고 생각했다. 즉, 공자의 교육관은 진보적 색채가 뚜렷하다. 이러한 공자의 교육관은 '가르침에 있어서 [출신 계층에] 차별을 두지 않는다[有敎無類](『論語』「衛靈公」).'는 구절에서 확인된다. 공자의 교육에서 중요한 것은 신분이 아니라 학생의 자질과 능력이다. 예를 들어, 공자는 자신의 제자 중 천민이었던 중궁(仲弓)에 대하여 아래와 같이 말한다.

공자께서 중궁에 대하여 말씀하셨다. "얼룩소의 새끼가 털이 붉고 뿔이 반듯하다면, 비록 제사의 희생으로 쓰지

않으려 하더라도, 산천의 신이 어찌 그를 버리겠는가?" [27]

27
子謂仲弓曰 犂牛之子騂且角
雖欲勿用 山川其舍諸.『論語』
「雍也」

이 구절에서 공자는 비록 중궁의 출신이 미천하지만 그가 장차 등용되어 필요한 역할을 다 할 것이라 예측한다. 천민인 중궁을 군주가 되어 나라를 다스릴 재목이라 평가한 공자의 언급은 당대 세습 귀족에게 체제를 부정하는 발언으로 들렸을 법하다. 공자의 중궁에 대한 이런 언급은 공자 학파에 널리 알려졌다. 훗날 순자도 성인으로 제왕의 권세를 얻지 못한 사람은 공자와 중궁이라 말하고 있다. 즉, 공자는 신분의 차별을 두지 않고 잠재성이 있는 젊은이들을 받아들여 국가를 이끌 재목으로 양성하고자 했다. 다재다능한 여러 제자를 가리지 않고 받아 인재 양성에 힘을 쏟은 일이 그의 개방적이고 진보적인 교육관을 잘 보여준다.

공자는 정치적으로 이상 사회를 건설하려면 먼저 정치에 참여하는 개개인이 학문을 배우고 인격을 수양해야 한다고 생각한다. 그래서 그는 문하생들을 참된 군자로 만드는 데 주력했다. 성인은 감히 어려우나 제자들을 참된 군자로 키워 내는 일을 자신의 교육 목표로 삼았다. 말년으로 갈수록 그에게 교육의 목표는 새로운 통치 지배층을 길러내는 일이었다. 덕성과 학문적 소양을 균형 있게 갖춘 신군자들이 배출되어 공직을 맡으면, 이들이 공자 자신이 염원한 정치적 이상을 현실에 실현할 수 있다. 이를 통해 사회 혼란은 자연스럽게 종결되어 대동의 태평한 세상을 이 땅에 실현할 수 있다. 생각이 여기에 이르자, 그는 제자 배양이라는 교육 사업이 정치적 성공과 밀접하게 연관되어 있음을 분명하게 알아차렸다. 정치세계와 도덕세계를 오가는 공자식 학문의 시작이었다.

자질에 따라 다르게 가르친다

공자에게 있어 배움은 단순한 지식의 습득이 아니었다. 유사하게 교육 또한 단순한 지식의 전달이 아니었다. 공자는 늘 의문을 제기해서 제자들의 생각을 계발하고자 했고, 어떤 질문에 꼭 맞는 정답이 정해져 있다고 생각하지 않았다. 같은 질문을 문하생들에게 할 때에도 그는 어느 누구의 대답이 정답이고 다른 학생들은 틀렸다고 단정 짓지 않았다. 항상 제자들의 의견을 경청하고 마지막에 자신의 생각을 말함으로써 학생들이 스스로 부족한 부분을 깨우치도록 이끄는 게 그의 교수방법이다.

공자의 교육 방법론 중 가장 현저한 특징 중 하나는 학생들의 질문에 답할 때, 예외 없이 질문자의 상황을 고려하여 응답했다는 점이다. 주지하듯 인재시교(因材施教)라고 불리는 그의 이 교육 방법은 『논어』 전편을 통하여 드러난다. 학생의 자질에 따라[因材] 서로 다른 가르침을 베푸는 게[施教] 그의 제자 육성법이다. 천편일률적인 지도가 아닌 학생 각자에게 알맞은 눈높이로 맞춤형 지도를 하는 게 바로 인재시교임을 알 수 있다. 제자들이 인이나 효가 무엇인지를 질문하면 소크라테스나 플라톤, 아리스토텔레스처럼 하나의 정확한 정의를 내려주는 게 아니라, 질문한 학생에게 필요한 내용을 제시해 그 부분을 보충하도록 이끌어 주었다.

그러다 보니 누가 어떤 상황에서 질의하는지에 따라 그 대답은 달랐다. 예를 들어 보자. 맹의자(孟懿子)가 효에 관해 물었을 때, 공자는 '어긋남이 없는 것'이라 가르쳤고, 맹무백(孟武伯)이 효를 물었을 때는 '부모는 오로지 자식의 질병을 근심한다.'며 아프지 않는 게 효라고 가르쳤다. 자유(子游)가 물었을 때는 부모님을 공경해야 한다고 대답했다. 『논어』를 제대로 파악하지 못하는 이들은 이런 서로 다른 대답에 당황하기도 한다. 소크라테스 식으로 말하면 덕이란 전지(全知)로 정의되므로 누가 덕에 대해 물어도 대답은 같다. 하지만 이런 방식은 공자의 지도 방식이 아니다. 왜 같은 효에 대한 질문임에도 공자의 대답은 달랐을까? 맹의자는 부모의 말을 자주 어겼고, 맹무백은 자주 아팠으며, 자유는 부모에 대한 공경이 부족했기 때문이다. 이는 맞춤형으로 학생들의 잠재성을 계발해 한 단계 더 업그레이드시키는 교육 방식임을 알 수 있다. 「선진」편에 보면 제자들의 성향에 맞춰 가르치는 공자의 학습 방법이 나온다.

자로가 물었다. "들은 것을 곧 행해야 합니까?" 공자께서 말씀하셨다. "부모형제가 계신데 어찌 들은 것을 곧 행하겠느냐?" 염유가 물었다. "들은 것을 곧 행해야 합니까?" 공자께서 말씀하셨다. "들은 것은 곧 행해야 한다."

공서화가 물었다. "유(자로)가 들은 것은 곧 행해야 하느냐고 묻자 부형이 계신다 하시고, 구가 들은 것은 곧 행해야 하느냐고 묻자 들은 즉시 행해야 한다고 하셨으니, 저는 의혹이 들어 감히 여쭙니다." 공자께서 말씀하셨다. "구는 소극적이어 분발시켰고, 유는 남을 이기려하므로 억제케 하였다."[28]

제자들의 기질을 고려해 저마다 자신의 잠재력을 잘 발휘하도록 맞춤형 지도를 했던 노련한 선생, 공자의 교수법을 잘

28
子路問 聞斯行諸. 子曰 有父兄在 如之何其聞斯行之 冉有問 聞斯行諸. 子曰 聞斯行之 公西華曰 由也問聞斯行諸. 子曰有父兄在 求也問聞斯行諸. 子曰聞斯行之. 赤也惑 敢問. 子曰 求也退 故進之 由也兼人 故退之. 『論語』「先進」

보여주는 구절이다. 학생의 눈높이에 들어맞는 그의 교수법은 잠재력 계발 위주의 교육법이다.

공자의 배움과 교육에 관한 신념에서 비롯된 이러한 교육 태도와 방법은 제자들에게 있어 공자를 존경해 마땅한 인물로 만들었다. 노나라의 대부 숙손무숙(叔孫武叔)이 공자에 대해 험담하였을 때 공자의 제자 자공

(子貢)은 '선생님은 해와 같아 넘어설 수 없는 분이며, 다른 사람들이 비방하더라도 이는 오히려 자신이 분수를 알지 못하는 것을 드러낼 뿐(『論語』 「子張」)'이라며 강하게 응대한다. 공자가 세상을 떠나자 제자들은 삼년상을 치르고 모두 떠나갔다. 하지만 자공은 묘 곁에 초막을 짓고 3년을 더 머물며 선생의 가르침을 되새겼다. 좋은 위치에서 번드러지게 포장된 내용을 가르쳐 학생들이 많아도 제자들에게 마음으로부터 존경받지 못하면 스승으로서 결격 사유가 있는 것이다. 이런 측면에서 공자는 위대한 스승이었다.

지금까지 살펴 본 인재시교 이외에 『논어』에 보이는 공자의 교육 방법론에서 다음과 같은 것이 중요하다. 첫째는 폭넓은 배움[博學]이고, 둘째로 간절히 답을 구하는 것[切問]이 있다. 세 번째로는 공리공담이 아니라 일상의 일에 근거해서 생각할 것[近思]을 강조한다. 근사는 후대에 주희가 편찬한 『근사록』이라는 텍스트의 제목으로 채택했을 정도로 유가사상에서 강조된다.

마지막으로 배운 것을 독실하게 실천하기가 있다.

물론 이런 각 방법은 서로 유리되어서는 안 되며 늘 통합적으로 활용되어야 한다. 자하(子夏)는 다음과 같이 말한다.

넓게 배우고 자기의 뜻을 견실하게 지키며, 간절히 묻고 일상의 문제로부터 사고하면, 인덕이 그 가운데 있느니라. [29]

29
博學而篤志 切問而近思
仁在其中矣.『論語』「子張」

주지하듯 『중용(中庸)』은 이를 좀 더 체계적으로 설명한다.

널리 배우고, 자세히 질문하며, 신중히 생각하고, 밝게 분별하며, 독실하게 행해야 한다. [30]

30
博學之 審問之 愼思之 明
辨之 篤行之.『中庸』

『논어』와 『중용』을 보면 공부하는 이는 먼저 넓게 배워야 한다. 좁은 식견에 빠지지 않으려면 폭넓게 배우고 그런 후에 진중하게 곱씹으며 배워야 한다. 많이 보고 듣는

다양한 경험을 체험하는 것은 누구에게나 좋은 학습 방법이다. 박학 개념을 오늘날의 학교 현장에 적용해 보면, 박학은 다양한 경험을 강조하므로, 다양한 '체험 학습'이나 여러 교과의 '융합적 학습'의 필요성을 일깨워 준다. 나아가 공자는 방대한 양의 배움을 비판적 시각으로 바라보고 항상 끊임없이 질문을 해야만 오류와 잘못을 줄일 수 있다고 강조한다. 지금처럼 대학 입학 전에는 내신 등급과 수능 점수를 위해 공부하고, 대학 진학 이후에는 의학전문대학원이나 법학전문대학원 입학을 위해 혹은 행정고시나 임용고사를 위해 공부하는 분위기 속에서는 학생이 의문이 드는 바를 깨우치고자 간절하게 파고들기[切問]는 어렵다. 또 원리를 상세하게 분명히 알고자 질문하는[審問] 학생이 나오기도 어렵다. 선다형 시험문제 풀이 교육은 창의적 학생의 잠재력을 오히려 파괴할 뿐이다.

'근사(近思)'란 추상적인 이론 확립을 목표로 세우기 전에 자신의 주변에 있는 일상적인 일부터 먼저 생각하고 고쳐나가야 한다는 의미이다. 참된 군자는 내 주변의 일부터 탐구해 멀리까지 나아간다. 그래서 『대학』에서는 자신의 인격을 먼저 닦은 후에 자신의 가정을 평탄하게 하고, 나아가 나라를 다스리고 마지막으로 온 세상을 화평하게 하라고 가르친다. 마지막으로 배운 것을 독실하게 실천[篤行]하는 일이 중요하다. 이는 학습한 것을 현실에서 실행하는 것으로 흔히 이야기하는 지행합일이다. 동양의 교육사상에서 자신의 배움을 현장에 실천해야 한다는 것이 물론 공자만의 가르침은 아니다. 이는 앎과 실천이 함께 가야 한다고 강조하는 동양사상에서 늘 강조된다. 예를 들어, 『논어』의 '배우고 적절한 시기에 맞추어 익히면[學而時習之] 기쁘지 아니한가!'라는 구절에서 말하는 익힘[習]이란 단순히 머리로 배운 것을 다시 되새겨 보는 일이 아니다. 이는 배운 것을 실천해 앎과 행함이 일치하도록 한다는 의미가 강하다. 우리가 배운 것을 실천을 통해 다시 익히면 그 배움은 내면화된다. 이렇게 체화된 배움은 학습자의 실존적 삶과 하나가 된다.

공자 학교의 네 가지 교과목

공자가 처음 교육을 시작하였을 때에는 기존 관례에 따라 의례에 대한 공부[禮], 음악[樂], 궁술[射], 기마술[御], 글쓰기[書], 수학[數]을 내용으로 하는 육예를 가르쳤다. 이 육예 교육은 전래하던 전통 교과로서 당시에 사회에 나가 활동하려면 익혀야 할 기본 교과 내용이다. 예와 음악 교육은 『논어』에서도 반복적으로 언급되는 교육 과정이다. 공자가 순임금의 음악인 소(韶)를 듣고 이에 취해 3개월간이나 고기 맛을 잊었다는 기록으로 볼 때, 인격도야의 방안으로 당시에 음악과

목이 얼마나 중시되었는지를 능히 추측할 수 있다. 공자가 항상 예와 악을 겸칭해 예악이라고 말하는 이유가 바로 여기에 있다. 현재 고전시기 음악 교육에 대한 내용을 담은 텍스트 『악기(樂記)』가 소실되어 전해지지 않는데, 이는 참으로 애석한 일이다.

또한 기마술과 활쏘기를 중시해 기본 과목으로 가르쳤다는 점도 주목해야 한다. 현재 사람들은 흔히 유학자를 창백하고 병약한 지식인으로 상상하지만, 고대시기의 유가에게 이는 전혀 사실이 아니다. 당시 군자들은 활쏘기로 기량을 겨루었을 정도로 궁술이 기본 교양 교과에 속했다. 더구나 말을 타고 활을 쏘아 과녁에 적중시킬 정도가 되려면, 상당한 훈련과 기초 체력이 필요한 일이었다. 조선의 유학자들은 몸 쓰는 일을 꺼려 기마나 궁술을 멀리했지만, 이는 성리학의 영향이지 공자학파의 본령과는 거리가 있다. 마지막으로 수학 과목을 기본 교과로 가르쳤다는 점도 기억해야 한다. 기본적인 산수도 모르는 사람은 언제 어디서나 사회생활이 어렵다. 전래하던 이 여섯 과목 이외에 공자는 주로 네 가지[孔門四科]를 중시해 가르쳤다.

선생님은 네 가지로 가르쳤으니, 고전과 덕행, 진실함과
신의였다. [31]

31
子以四敎 文行忠信.
『論語』「述而」

공문에서 교수한 네 가지 중 '문(文)'이
란 글, 문헌을 의미하기에 고전 공부를 뜻한다. 그래
서 일반적으로 학문이라 번역한다. '행(行)'은 덕행, '충
(忠)'은 진실함, '신(信)'은 신의를 각각 중요한 교육 내
용으로 삼았음을 보여준다. 고전 공부가 오늘날 우리
가 말하는 넓은 의미의 학문이라면, 행·충·신의 세 가
지는 모두 덕행과 관계된다. 공자 학단에서 고전 공부
와 덕행의 실천이 중요했음을 알 수 있다.

물론 그에게 배움은 암기 혹은 주입식이 아니라 내
면적 욕구에 의해 스스로 깨달은 앎을 추구하는 자발
성에 기초해야 한다. 그래서 배우는 자는 능동적이고,
적극적인 학습 태도를 지녀야 한다.

[스스로] 발분하지 않으면 계도해주지 않고, 답답해하지 않으면 일러주지 않는다. [32]

32
不憤不啓 不悱不發.
『論語』「述而」

그런데 주지하듯 공자가 교수한 네 가지 교과목에서 덕행이 가장 강조된다. 다시 말해 공자는 덕 교육을 강조한다. 그러다 보니 제자들을 평할 때도 덕행이 제일 먼저 언급된다.

덕행으로는 안연·민자건·염백우·중궁이 있고, 언어에는 재아와 자공이 있고, 정사에는 염유와 계로가 있고, 문학에는 자유와 자하가 있다. [33]

33
德行 顔淵閔子騫冉伯牛仲弓
言語 宰我子貢 政事 冉有季路
文學 子游子夏.『論語』「先進」

수제자들을 언급하고 있는 이 구절을 통해서도 공자가 덕행·언어·정사와 고전 공부를 중요 교과로 교수했음을 확인할 수 있다. 거명된 안연·민자건·염백우·중궁·재아·자공·염유·계로·자유·자하를 공자 문하의 십대 제자[孔門十哲]라고 부른다. 나이도 어리고 스승보다 먼저 작고했음에도 내성이 심후한 안연이 외교 능력이 탁월한 자공이나 박학으로 알려진 자하와 자유보다 늘 앞선다. 안연이 공자의 가르침을 제대로 전수받았다고 보기 때문이다. 이를 통해 공자가 생각한 배움의 뿌리가 어디에 있는지 알 수 있다.

4장

공자가 열망하는 정치

형벌이 아닌 덕으로 다스려야 한다

덕치(德治)란 통치 계층이 덕을 갖춘 사람이어서 자신의 덕에 근거해 다른 사람들을 격려하고 이끌어 나아가는 통치를 의미한다. 덕치는 공자 정치사상의 핵심을 이룬다. 이 덕치 실현 주체가 바로 이상적인 지도자상인 신군자이다. 공자 같은 군자가 통치하는 정치 체제가 덕치이다.

정치 행위와 관련지어 생각해 보면, 『논어』에서 제시된 덕치란 출신에 관계없이 학식과 덕망을 쌓은 자가 통치 질서로서의 예를 존중하며 사람들을 북돋아 사회를 개혁하는 정치다. 즉, 덕치에서는 정치 권력을 행사하기 위한 기본 전제로 위정자의 도덕적 수양이 전제된다. 공자가 보기에 정치적 역량이 있는 사람이란 정치적·행정적인 문제에 능숙하게 대처하는 사람일 뿐만 아니라 자신의 품격으로 인해 백성들의 본보기가 될 만한 사람이다. 여기서 정치 지도자가 솔선수범해야 하는 덕치의 특성이 잘 드러난다. 이렇게 덕으로 다스리는 통치 체제가 가져오는 효용을 공자는 다음처럼 언급하고 있다.

정령으로 이끌고 형벌로 다스리면, 백성들은 [법망을 교묘하게] 빠져나가려고 하고 부끄러움을 모른다. 덕으로 이끌고 예로써 다스리면 [백성들은 자신의 잘못을] 부끄러워할 줄 알고 [잘못을] 바로잡게 된다. [34]

34
道之以政 齊之以刑 民免而無
恥 道之以德 齊之以禮 有恥且
格.『論語』「爲政」

법을 엄하게 하여 백성을 복종하게 하면, 백성들은 법망을 벗어나 부정한 짓을 저지르면서도 이를 부끄럽게 여기지 않는다. 공자는 이를 법치주의의 근원적 한계라고 보았다. 하지만 덕으로 다스리는 통치, 즉 위정자가 덕을 갖추어 백성들에게 모범을 보이고 그들을 이끈다면 백성들은 저절로 감화되어 자신의 잘못을 인정하고 부끄럽게 여기게 된다. 이것이 공자의 덕치와 그가 반대한 법치의 차이점이다. 직접 서로의 언행을 관찰할 수 있는 일대일 대면의 인간관계가 점차 어려워지고, 효율적으로 다수와 접촉해야 하는 현대의 시각에서 보면 이는 단순한 생각이라 여겨질 수 있다. 하지만 당시가 산업화 이전의 향리 공동체 사회였다는 점을 염두에 두어야 한다. 덕치의 효용에 대해 경험적으로 잘 알고 있는 공자는 다음과 같이 말한다.

> 정치를 덕으로 하는 일은, 비유하자면 북극성이 자신의 자리를 지키고 있고, 다른 별이 북극성을 중심으로 도는 것과 같다. [35]

35
爲政以德 譬如北辰 居其所而
衆星共之. 『論語』 「爲政」

즉, 위정자가 인덕으로써 다스리면 백성들은 자발적으로 이에 따르고 복종한다. 지배층의 솔선수범이 행해지면 많은 일이 매번 명령하지 않아도 저절로 행해진다. 그래서 직접 관여하는 바가 없이도 국가 전체를 잘 다스릴 수 있게 된다. 이런 게 바로 덕치가 가져오는 효능이다. '군자는 바람, 소인은 풀이다. 풀 위로 바람이 불면 풀은 저절로 눕는다(『論語』「顏淵」).' 라고 군자의 소인에 대한 솔선수범과 도덕적 감화가 이루어져야 함을 공자는 항상 강조한다.

그렇다면 위정자가 갖추어야 하는 기본 소양에는 무엇이 있을까? 『논어』 속에 나타난 정치가의 주요 요건은 먼저 자신을 닦음[修身]과 사람들의 신뢰를 얻는 일이다. 자신을 닦음이란 유가 정치가의 근본 조건으로 개인의 도덕 수양을 가리킨다. 『논어』에 따르면, 학문을 배우고 예로써 훈련된 군자는 항상 마음이 평안하고 넓어서 매사에 근심 걱정이 없다. 또한 군자는 매사에 태연하면서 교만하지 않고, 멀리서 얼핏 바라보면 엄숙해 보인다. 하지만 가까이서 보면 온화한 기운이 있으며, 그가 하는 말은 언제나 명료하다. 이렇게 공자는 마음과 몸을 바르게 닦아 수양하는 것이 위정자에게 필요한 요건이라고 강조한다. 그에게 정치[政]는 우선 자신을 바로잡음[正身]이다.

다음으로 통치자는 사람들의 신임을 얻어야 한다. 비록 당시가 왕조시대였지만 군주나 통치 계층이 영원한 지배층이 아니며, 천명이 다하면 왕조가 바뀔 수 있다는 믿음은 이미 공자 이전 『시경(詩經)』과 『서경(書經)』 시대에 등장한 유가의 정치 이념이다. 그리고 천심(天心)은 곧 민심(民心)이다. 그래서 통치층에 대한 민중의 믿음이 제일 중요하다. 사람의 신뢰를 통치의 보루로 보는 그의 생각은 『논어』의 다음 구절에 적시되어 있다.

자공이 정치에 대해 여쭈었다. 공자께서 말씀하셨다. "식량을 충족시키는 것, 병기를 충분하게 준비하는 것, 백성들이 믿게 하는 일이다." 자공이 여쭈었다. "부득이하여 반드시 버려야 한다면 이 세 가지 중에서 어떤 것을 먼저 버려야 하겠습니까?" 공자께서 말씀하셨다. "병기를 버려야 한다." 자공이 여쭈었다. "부득이하여 반드시 버려야 한다면 이 두 가지 중에서 어떤 것을 먼저 버려야 하겠습니까?" 공자께서 말씀하셨다. "식량을 버려야 한다. 옛날부터 누구나 죽게 되지만, 백성이 믿어주지 않으면 나라는 존립할 수 없다." [36]

36
子貢問政. 子曰 足食足兵 民信之矣.
子貢曰 必不得已而去 於斯三者何
先. 曰 去兵. 子貢曰 必不得已而去
於斯二者何先. 曰 去食 自古皆有死
民無信不立.『論語』「顏淵」

또한 공자의 이런 생각을 이어받아 자공은 '군자는 신망을 얻은 다음에 백성을 부려야 하니, 신망이 없으면 백성들은 자기들을 해친다고 생각한다(『論語』「子張」).'라고 강조한다. 다시 말해, 대중의 믿음이 없는 상태에서 통치를 할 경우 백성들의 거부감을 불러온다. 이러한 민중의 통치층에 대한 불신은 결국 정치 질서와 국가기강 문란의 원인이 된다. 이 때문에 신뢰를 얻는 일이 통치자가 가져야 할 중요한 자격 요건이 된다.

더하여 덕정(德政)이 잘 기능하기 위해서는 군주 자

신뿐 아니라 그가 등용하는 사람 역시 현인이어야 한다. 국가는 통치자 한 사람만으로 다스려지는 게 아니라 많은 정치 엘리트가 필요하다. 통치자는 많은 사람을 등용해야 하는데, 이들 역시 유덕자이어야 한다. 공자는 '바른 사람을 뽑아 비뚤어진 사람 위에 앉혀 비뚤어진 사람으로 하여금 바르게 될 수 있도록 해야 한다(『論語』「顏淵」).'라고 주장한다. 정직하고 덕이 있는 인재를 발탁한다면 이런 사람은 사심 없이 국정에 임할 것이며, 솔선수범을 통해 백성들을 교화할 수 있다. 자신이 관직에 복무하고 있을 때 실천했듯이 말이다. 반대로 자신의 고향과 자신이 속한 진영을 먼저 생각하는 자가 지도자가 된다면 여론은 분열되고 대중의 삶은 피폐해진다.

민본주의는 배려, 복지민주주의이다

그렇다면 이러한 덕치사상의 실천적 통치 이념이라 할 수 있는 민본주의 사상이란 무엇일까? 민본사상은 맹자에 의해 주장된 것으로 알려졌지만 사실 민본사상은 『시경』과 『서경』에서 이미 강조된 유가의 통치 이념이다.

민본을 말하는 이들이 늘 맹자를 언급하다 보니 공자의 민본론은 소홀히 취급되어 왔다. 하지만 맹자 사상의 근원이 바로 공자에 있고, 『논어』에도 민본에 대한 이야기가 적지 않게 등장한다.

민본이란 백성이 통치 행위에서 근본이 됨을 뜻한다. 즉, 대중의 삶이 정치적 판단 대상에서 으뜸이 되어야 한다는 의미이다. 민본사상은 백성들을 사랑하고 존중하는 애민(愛民), 중민(重民) 혹은 위민(爲民)사상으로도 표현될 수 있다.

공자는 '백성을 부릴 때는 큰 제사를 받들 듯이 [신중히] 해야 한다(『論語』「顔淵」).'라고 주장한다. 큰 제사의 대상은 곧 숭배의 대상으로서의 천(天)인데, 천에 대한 제사는 경건하고 신중하게 하지 않을 수 없다. 정치 지도자는 항상 이런 마음으로 국가 구성원을 대해야 한다.

공자의 민본사상은 『논어』에 전반적으로 나타난다. 예를 들어, '백성들에게 때에 맞게 [일을] 시켜야 한다(『論語』「學而」).', '비뚤어진 사람을 뽑아 정직한 사람 위에 두면 백성들은 복종하지 않는다.' 등이 민본적 요소를 잘 보여주는 구절이다. 농번기를 피해 백성을 소집하는 일이나, 인재 등용에서 대중의 뜻을 살피는 일 모두 백성을 통치의 근간으로 여기는 민본적인 모습이다. '백성들에게 때에 맞게 [일을] 시켜야 한다.'는 이 구절은 동양에서 왕조 정치 행위의 근간이 되어 고려 태조 왕건의 『훈요십조』에도 보이고, 『조선 왕조 실록』에도 등장하는 유명한 구절이다.

민본이 오늘날의 시민에 의한 통치(by the people)는 아니다. 하지만 시민 정치로 나아가는 통로가 될 수 있다는 점에서 동양의 중요한 정치적 자산이 아닐 수 없다. 보통 선거가 이루어지지 않던 시대에서 민본주의는 한계가 있다는 지적이 제기되곤 한다. 참정권을 사회 제도화하지 못한 상황에서 민본은 백성이 중심이 되는 정치가 아니라 백성에게 시혜를 베푸는 일에 머물 수밖에 없다는 지적은 옳다. 하지만 오늘날 전 세계적으로 이미 참정권이 일반화되었고 북한 같은 몇 나라를 빼고는 대부분의 국가에서 시민의 통치가 제도화되었다.

현시점에서 더 긴요한 일은 도움이 필요한 이들을 위한 배려와 복지민주주의이다. 민본은 바로 '유아, 고아, 과부, 홀아비, 노인'을 먼저 돕는 복지국가의 이상과 같다. 오히려 오늘날 사회적 약자를 먼저 생각하고 배려하는 민본주의가 필요한 건 아닐까? 이처럼 공자는 대중의 존재를 항상 염두에 두고 따뜻한 마음으로 대중을 으뜸으로 여기는 신군자의 복지국가적 통치 체제를 갈망했다.

예로 다스려야 한다

　공자의 예는 크게는 국가의 제도나 법령[律]에서부터 작게는 각 개인의 행동 규범까지를 모두 포함하는 폭넓은 용어이다. 덕치가 공자 정치사상의 본질이라고 한다면, 예치(禮治)는 이 덕치를 실현하기 위한 방법론이라 할 수 있다. 예치는 예를 준칙으로 삼아 통치하는 정치 형태를 의미하고, 저마다 자신의 지위와 본분에 따라 자신의 소임을 다하는 데 목적을 둔다. 사회의 안녕과 질서 유지를 위해서는 당연히 각종 제도와 이를 뒷받침할 법령 등이 필요하다. 이를 위해 공자를 포함한 유가 사상가는 법보다 예를 선호한다. 왜 법보다 예를 더 중시할까? 예의 기능은 사람들이 잘못을 저지르기 전에, 규칙을 어기기 전에 미리 이를 예방하는 데 그 목적이 있다. 공자는 백성들에게 배울 기회를 제공하지 않고, 법을 어겼다고 처벌하는 일에 반대한다. 맹자도 왕실의 사냥터에 들어가 사냥하면 안 된다는 법령을 어긴 자를 처벌하는 것에 반대한다. 맹자는 이는 나라 한 가운데 사방이 몇 십리나 되는 그물을 치고 여기에 무지한 백성이 걸려들기를 기다리는 그물질과 같다고 혹독하게 제선왕(齊宣王)을 비판한다.

한자어 법(法)의 본래 뜻은 처벌[刑]한다는 의미를 갖고 있다. '法'자는 물 수자와 '쫓아 버린다'는 거(去)자로 구성되어 있는데, 범법자를 처벌해 쫓아 버린다는 의미이다. 오늘날처럼 보통 교육이 광범위하게 실시되는 사회에서도 학교 교육을 제대로 받지 못하는 아이들이 있다. 더구나 인구의 대다수가 자신의 이름도 쓰지 못하던 시대에 법령을 공포하고 이를 어긴 자를 처벌하는 일은 공자가 보기에 근본적으로 잘못된 정책이다. 당장 그 법령을 제대로 읽을 수도 없는 이들이 많던 시대이니 말이다. 문맹이 대다수인 시대에 법령을 공포하는 일이 가져올 부작용을 그는 염려했다. 그래서 예치는 항상 교육을 전제로 한다. 교육을 강조하는 예치는 범죄 행위가 발생한 후에 처벌하는 데 중점이 있는 법치와 달리 덕치처럼 불법 행위가 일어나지 않도록 미연에 방지하는 데 방점이 있다.

[사람을] 가르치지 않고 죽이는 것을 학살이라 한다. [37]

37
子曰 不敎而殺謂之虐『論語』「堯曰」

가르치지 않고선 범죄를 저질렀다고 사형하는 일을 공자는 학살이라 단정한다. 사람들에게 옳고 그른 일을 구분하도록 가르치지 않으면, 그들은 잘못이 무엇인지도 모르면서 잘못을 범하게 된다. 그들이 죄를 짓는 까닭은 배우지 못한 데 있으므로 설사 죄를 지었다 하더라도 이들을 죽이는 일은 학살이 된다. 공자는 「요왈」편에서 먼저 적합한 교육 과정 없이 사형이 집행되는 것을 네 가지 악한 일 중 첫째로 뽑을 정도로 경계한다. 신분제를 뒤흔드는 능력에 근거한 통치를 주장한 공자가 일반인에게 유리한 현대 방식의 '법치'를 반대한 게 아니다.

정치 형태로서의 예치에서 활용되는 구체적인 예 규정은 오늘날의 법이 법치에서 수행하는 강제력과 유사한 물리적 제어력을 가진다.

예치는 일종의 불문율에 의한 통치라 할 수 있다. 예는 사람들 사이의 관계를 구분하고 그에 합당한 본분을 행할 것을 명한다. 예를 들어, 관직의 높고 낮음에 따라 의복의 종류를 구분하고, 관직에 따라 행해지는 의식을 다르게 행하는 게 바로 그렇다. 앞에서 본 것처럼, 『논어』 「팔일」편에서 공자는 계씨가 팔일무를 자신의 정원에서 추게 한 일을 강하게 비판한다. 천자의 행사에서만 행할 수 있는 팔일무를 일개 대부가 상연해 천자의 권위를 침범하면, 이는 예치 질서를 문란하게 하는 일이다. 결국에 이는 사회 혼란을 야기하기 때문이다.

그런데 예에 의한 구분만을 강조하면, 상하와 친소 등 인간관계에 위화감이 생기기 마련이다. 하지만 공자는 이처럼 위화감을 조성하는 게 예의 본래 취지가 아니라고 보았다. 예는 차등적인 성질이 있지만, 이것만을 강조한다면 서로 사이가 멀어지게 되므로 이때 겸양(謙讓)이 필요하다. 겸양이란, 겸손한 태도로 남에게 양보하고 사양하는 것이다. 예를 들어, 고위 관리가 하급 관리를 만나면 후자는 고개를 숙여 인사를 하고 전자는 미소로 응대한다. 이는 서로의 나이와 본분이 달라 인사의 표현 방식을 달리 하는 것이다. 하지만 서로를 향한 겸양의 마음은 본질적으로 동일하다. 이렇게 공자가 겸양을 강조한 점은 다음 구절에 잘 드러난다.

예의와 겸양으로 나라를 다스릴 수 있다면, 무슨 [어려움이] 있겠는가? 예의와 겸양으로 나라를 다스릴 수 없다면, [그] 예는 [있어] 무엇하겠는가? [38]

38
能以禮讓爲國乎 何有 不能以禮
讓爲國 如禮何.『論語』「里仁」

따라서 예의 근본적인 목적은 각자의 지위에 따른 본분을 명확하게 하여 위계질서를 존중하면서도, 위화감이 생기지 않도록 겸양의 정신을 발휘하는 데 있다.

이름을 바로 세우다

이름을 바로 세우겠다는 정명(正名) 사상은 예치 실현의 구체적 방안으로서의 의의를 갖는다. 자로가 공자에게 정치를 한다면 장차 어떤 것을 먼저 하겠냐고 묻자, 공자는 '반드시 명분(名分)을 바로잡겠다.'고 말한다. 성격 급한 자로가 선생님은 '너무 실정을 모르신다.'고 불평하자, 공자는 자로에게 정명이 필요한 이유를 다음과 같이 설명한다.

자로가 물었다. "위나라 임금이 선생님을 기다려서 함

께 정치를 하고자 한하면 선생님은 무엇을 먼저 하시겠습니까?" 공자께서 답하였다. "반드시 먼저 명분을 바로잡을 것이다." 자로가 말하였다. "그렇습니까? 선생님은 현실정을 모르십니다. 어째서 명분을 바로잡으려 하는 것인지요?" 공자께서 답하였다. …… "명분이 바로 서지 않으면 말이 순조롭지 못하고, 말이 순조롭지 못하면 일이 이루어질 수 없고, 일이 이루어지지 않으면 예악이 흥하지 못하게 되고, 예악이 흥하지 못하면 형벌이 공평하지 못하게 되고, 형벌이 공평하지 않으면 백성들이 손발을 둘 곳이 없게 된다. 그러므로 이름을 바로 세우면 말이 서고, 말이 서면 반드시 시행할 수가 있다. 군자는 자신의 말에 경솔함이 없어야만 한다." [39]

여기서 정명은 한 개인이 맡은 직책[名]과 실제 그 역할이 서로 걸맞아야 한다는 뜻이다. 예를 들어, 군주의 역할을 충

39
子路曰 衛君待子而爲政 子將奚先. 子曰 必也正名乎. 子路曰 有是哉 子之迂也 奚其正 …… [子曰]名不正 則言不順 言不順 則事不成 事不成 則禮樂不興 禮樂不興 則刑罰不中 刑罰不中 則民無所措手足 故君子名之 必可言也 言之必可行也 君子於其言 無所苟而已矣. 『論語』「子路」

실히 수행해야 '군주'라는 이름에 부합하게 된다. 어떤 이름을 가진 사람에게 정명은 자신의 의무를 온전하게 실천하는 일이 된다. 즉, 정명이란 각 계층의 사람들이 자신의 위치에서 그들에게 부여된 적정한 의무를 수행함으로써 사회 질서가 제대로 작동하고 유지되도록 하는 일이다. 저마다 자신의 직책에 부합하는 역할을 다하는 사회는 안정된 정치의 극치라고 할 수 있다. 자로가 이를 잘 이해하지 못하고 불평하자, 공선생은 '군자는 [자신의] 말에 경솔함이 없어야 한다.'고 나무랐던 것이다. 제나라 경공이 정치에 대해 물었을 때 공자는 정명이 지향하는 바를 정확하게 설명한다.

제나라 경공이 공자에게 정치에 관하여 묻자, 공자가 대답했다. "군주는 군주다워야 하고, 신하는 신하다워야 하며, 아비는 아비답고, 자식은 자식다워야 합니다." [40]

40
齊景公問政於孔子 孔子對曰 君君 臣臣 父父 子子.『論語』「顔淵」

이름에 부합하게 자신의 역할을 다하는 일은 통치층으로

부터 먼저 시작되어야 한다. 일반 사람들에게 모범이 되기 위해서 통치 엘리트가 먼저 자신들의 이름에 부합해야 한다. 대통령이 대통령답지 못하고 장관이 장관답지 못하면, 교사가 교사답지 못하고 교수가 교수답지 못하면, 의사가 의사답지 못하고 간호원이 간호원답지 못하다면 우리 사회가 어떻게 될까? 생각만 해도 끔찍한 일이다.

또한 정명론은 인간다움[仁]과도 연계하여 생각해 봐야한다. 모든 이에게 본질적으로 '인간다움'이라는 게 존재한다. 인이 모든 덕을 포괄할 수 있듯이, 대통령과 장관, 아버지와 자식 사이 같은 사회적 역할은 한 사람이 참된 '인간다움'을 수행하는 일에 포함될 수 있다. 말하자면 한 사람으로 가장 인간답게 자신의 부모를 대할 때, 거기에 바로 '자식다움'이 있고 가장 인간답게 자신의 자식을 대할 때, 거기에 바로 '부모다움'이 있게 된다. 즉, 한 인간으로서 가지는 의무와 권리를 충분히 실현할 때, 사회적인 권리와 의무 역시 온전히 실현될 수 있다. 이렇게 보면, 정명론은 일부의 주장처럼 사회의 기존 질서를 옹호하고 유지하는 게 아니라, 참된 인간다움을 실현하는 이론이다. 정명이 실현된 세계는 인간다움[仁]이 실현된 세상이다.

정치적으로 주례의 복원과 연결해 정명론을 이해하면 보수적 측면이 부각된다. 하지만 저마다의 소임을 다하는 책임과 능력을 강조해 퇴폐한 봉건 신분제를 타파하려 한다는 측면에서 보면 정명론의 개혁적 성격을 볼 수 있다. 이는 공자의 정치적 주장을 논할 때 염두에 두어야 할 점이다.

공자가 꿈꾼 이상향 - 대동사회

덕치와 예치가 지향하는 정치적 이상향은 바로 대동(大同)사회이다. 비록 공자가 『논어』에서 대동사회를 언급하고 있지는 않지만, 대동사회는 유가 정치철학이 지향하는 이상사회이다. 여기서 대동이란, 온 세상이 태평하여 서로 화목하고 평온한 삶을 누리게 됨을 뜻한다. 대동이 실현된 대동사회는 공평한 정의의 원칙이 하나의 지배 원리로 인정되는 사회이다.

이에 대한 자세한 내용은 『예기(禮記)』의 다음 구절에서 볼 수 있다.

큰 도[大道]가 행해졌을 때 세상은 모두의 것이었다. 현명한 사람과 능력 있는 사람을 지도자로 뽑고 신의와 화목을 가르쳤다. 그러므로 사람들은 자기의 어버이만 어버이로 여기지 않았고, 자기의 자식만 자식으로 대하지 않았다. 나이 든 사람은 여생을 편안히 마칠 수 있었고, 젊은이는 능력을 발휘할 수 있었으며, 어린아이도 잘 자랄 수 있는 여건을 보장받았고, 고아·홀아비·병든 자도 모두 부양을 받을 수 있었다. 남자는 남자의 직분이 있었고, 여자는 여자의 직분이 있었다. 재화가 헛되이 땅에 버려지는 것을 싫어하였지만, 그렇다고 그것을 결코 자기 것으로 숨겨두지 않았고, 스스로 일하는 것을 싫어하지 않았지만, 또한 자기 자신만을 위해서 일하지도 않았다. 그래서 음모를 꾸미는 일이 생기지 않았고 훔치거나 해치는 일도 일어나지 않았다. 그러므로 집집이 문이 있어도 잠그지 않았다. 이런 사회를 대동[사회]라고 한다. [41]

즉, 천하를 궁극적으로 일종의 공공 소유로 여기는 것이 대동사회의 특성이다. 자신과 타인의 구별이 없는 대동사회는 갈등이 없는 조화로운 사회이다. 또 공평과 평등, 박애를 기반으로 하여 모든 사람이 행복한 삶을 누리는 이상사회이다. 나아가 서로가 서로를 배려하는 화목함과 신의로 인해 누구나 편안하게 삶을 영위하는 사회이다. 덕치와 예치를 근간으로 삼아 실현되는 이 대동사회는 공자 정치철학의 최종 목적지이다.

하지만 공자는 자신이 생각하는 대동의 이상향을 당시 현실에서 실현하기는 어렵다는 점을 자각하였다. 이에 그가 제시한 차선책이 바로 '소강(小康)사회'이다. 소강사회는 대동사회와 달리 자신의 부모와 타인의 부모를 구분하고, 모략과 계교가 생겨나며 전쟁도 발생

41
大道之行也 天下爲公. 選賢與能 講信修睦. 故人不獨親其親 不獨子其子. 使老有所終 壯有所用 幼有所長 矜寡孤獨廢疾者 皆有所養. 男有分 女有歸. 貨惡其棄於地也 不必藏於己 力惡其不出於身也. 不必爲己. 是故謀閉而不興 盜竊亂賊而不作 故外戶而不閉 是謂大同.『禮記』「禮運」

한다. 이렇게 혼돈스러워 보이는 사회를 공자가 차선의 이상향으로 제시한 이유는 대동의 이상은 현실에서 실현하기에 너무 유토피아적이기 때문이다. 『예기』에서는 '예의로 기강을 삼아서 임금과 신하 관계를 바로잡으며, 부자 사이를 돈독하게 하고, 형제를 화목하게 하며, 부부 사이를 화합하게 한다(『禮記』「禮運」).'고 소강사회를 묘사한다. 즉, 소강사회는 예로 잘 정돈된 사회임을 알 수 있다. 요순시대가 대동사회이고, 문왕과 무왕의 시기가 소강사회에 속한다. 이렇게 대동사회가 우리가 지향하는 완벽한 이상향의 모습이라고 한다면, 소강사회는 현실적으로 인간의 힘으로 도달할 수 있는 실현 가능한 사회이다.

공자와 한 시간

초판 1쇄 발행 | 2020년 5월 25일

초판 2쇄 발행 | 2020년 6월 25일

지은이 | 김병환

발행인 | 임순재   **발행처** | (주)한올출판사

등록번호 | 제11-403호

주소 | 서울시 마포구 모래내로 83(성산동 한올빌딩 3층)

전화 | 02-376-4298(대표)   **팩스** | 02-302-8073

홈페이지 | www.hanol.co.kr

e-메일 | hanol@hanol.co.kr

ISBN   979-11-5686-896-6